U0945582

回郭镇志

郑州市名镇志文化工程

郑州市地方史志编纂委员会　主办

郑州市地方史志办公室　编著

·北京·

图书在版编目（CIP）数据

回郭镇志 / 郑州市地方史志办公室编著. -- 北京 : 中国水利水电出版社, 2019.12
郑州市名镇志文化工程
ISBN 978-7-5170-8215-6

Ⅰ. ①回… Ⅱ. ①郑… Ⅲ. ①乡镇－地方志－巩义 Ⅳ. ①K296.15

中国版本图书馆CIP数据核字(2019)第253815号

审图号：豫S〔2020年〕006号

总 策 划：营幼峰
选题策划：马爱梅　宋建娜　张小思
责任编辑：杨春霞

	郑州市名镇志文化工程
书　名	回郭镇志
	HUIGUO ZHEN ZHI
作　者	郑州市地方史志办公室　编著
出版发行	中国水利水电出版社
	(北京市海淀区玉渊潭南路1号D座　100038)
	网址: www.waterpub.com.cn
	E-mail: sales@waterpub.com.cn
	电话: (010) 68367658 (营销中心)
经　售	北京科水图书销售中心 (零售)
	电话: (010) 88383994、63202643、68545874
	全国各地新华书店和相关出版物销售网点
排　版	北京金五环出版服务有限公司
印　刷	北京印匠彩色印刷有限公司
规　格	184mm×260mm　16开本　14.5印张　256千字
版　次	2019年12月第1版　2019年12月第1次印刷
印　数	0001—2700册
定　价	98.00元

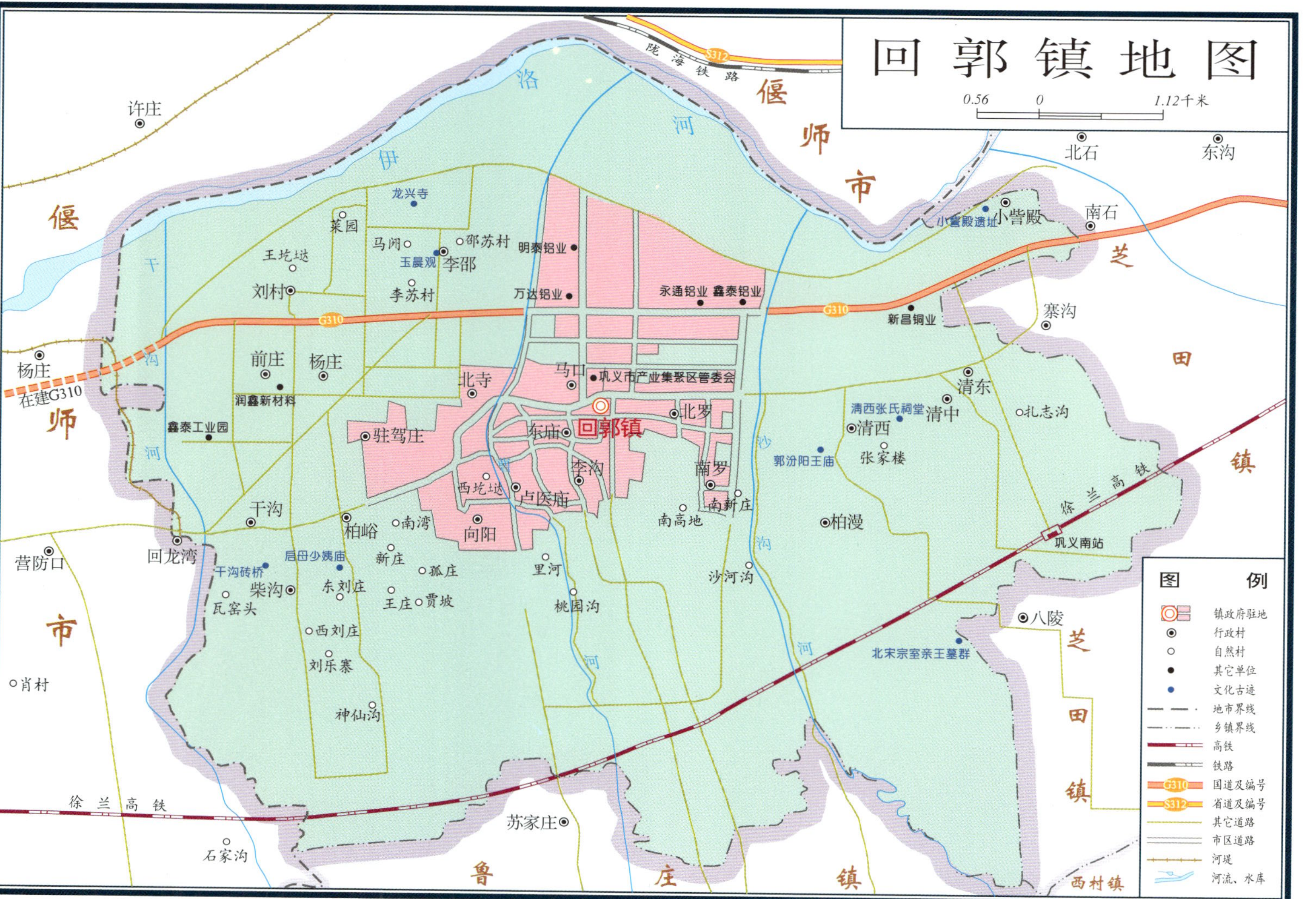

（注：图内行政界线不作为实际划界依据）

回郭镇地图

回郭镇俯瞰

巩义市产业集聚区俯瞰

高精度铝箔生产线

CRH

郑西高铁巩义南站

春文艺调演
委政府
新春快乐
力回郭

回郭镇迎新春群众文化活动

郑州市名镇志、名村志、名街志编纂委员会

主　　任 孙晓红

副 主 任 柴　丹　朱　军

委　　员（按姓氏笔画排序）

于　珊　王丹东　任　莉　刘长春　刘军杰　李伟光

杨　洁　杨　洋　张建锋　陈　军　林　海　虎荣鑫

周建超　屈连武　胡光程　康红阳　梁豫生

主　　编 朱　军

副 主 编 王丹东　梁豫生　刘长春

编　　委 丁明伟　王西林　孔令岳　冉　宁　向天燕　刘　琴

刘华东　安伯乐　李　磊　南必成　徐　宁　路培育

编　　辑 李艺博　刘　恒　王　丹　李　靖　高　畅　魏海薇

学术顾问 刘　杰　河南省文学艺术界联合会副主席、河南省美术家协会主席

李运江　河南省美术家协会顾问

封曙光　河南省美术家协会副主席

丁　昆　河南省美术家协会副主席、河南省美术家协会油画艺术委员会主任

魏　剑　河南日报报业集团编委委员、河南日报农村版总编辑

徐建勋　河南日报郑州分社社长

顾　华　河南日报农村版总经理

郑东军　郑州大学建筑学院副院长、教授

阎铁成　郑州中华之源与嵩山文明研究会副会长

张　永　郑州报业集团党委委员、纪委书记

张绍宇　郑州市雕塑壁画院创研员

《回郭镇志》编纂委员会

序

2018年以来，我们在中国地方志指导小组办公室、河南省地方史志办公室的热情指导和大力支持下，在郑州市各县（市、区）地方史志工作机构及相关镇、村、街道的共同努力下，开拓创新，克难攻坚，相继完成了11部镇志、1部村志、18部街道志，共计30部基层志书的编纂出版工作。这是我市坚持以习近平新时代中国特色社会主义思想为指引，认真贯彻落实《全国地方志事业发展规划纲要（2015—2020年）》（国办发〔2015〕64号），围绕中心、服务大局，推动地方志事业高质量发展、发挥存史、资政、育人职能作用的一项重要成果。

这30部志书以镇志、村志、街道志为主线，全面、客观地记述了郑州从一座古老的城市发展成为国家中心城市的历史进程，阐释了中华文明、中原文化在郑州这座城市的文明形态起源、嬗变和现代转型。聚焦黄河文化、商都文化、黄帝文化、河洛文化、嵩山文化和二七精神等重要的城市文化名片，我们组织编纂了管城区《东大街街道志》《西大街街道志》《城东路街道志》，二七区《德化街道志》，金水区《杜岭街道志》，巩义市《回郭镇志》《大峪沟镇志》《康店镇志》《河洛镇志》《站街镇志》，新郑市《孟庄镇志》《新建路街道志》，惠济区《古荥镇志》，上街区《峡窝镇志》《方顶村志》，中牟县《雁鸣湖镇志》，新密市《刘寨镇志》，登封市《告成镇志》等一批志书。我们尝试从地方志的角度描述、分析这些文化的历史演进，宏大叙事与微观剖析并重，讲述方志故事，凝聚城市精神，发现并彰显这些深藏在街道社区、乡镇村庄里的城市文化根脉。

我们借鉴人文地理学和社会学的调查研究方法，在中原区委、区政府的支持下，组织编纂了该区《西流湖街道志》《中原西路街道志》《桐柏路街道志》《三官庙街道志》《棉纺路街道志》《绿东村街道志》《林山寨街道志》《汝河路街道志》《航海西路街道志》《须水街道志》《秦岭路街道志》《建设路街道志》12部街道志，对一个行政建置区域的政治、经济、文化、社会、生态建设状况，特别是对自中华人民共和国成立以来各个历史时期的发展做了全方位的较完整记述。这些街道志组成了美丽的“方志拼图”，从中我们可以清晰地看到中原区从一个传统的城郊农业区，在新中国成立初期形成郑州市的市级行政中心、文化中心和现代工业区，改革开放以来经过国企改革的华丽“蝶变”，转型升级为现代化宜居宜业新城区的时空轨迹。

我们在丛书编纂中基本采用了中国地方志指导小组办公室确定的中国名镇志、名村志、名街志编写体例，以质量为生命线，强化精品意识，与各编纂单位和出版单位一起，对每部志书严把政治关、史实关、体例关、文字关、出版关，认真贯彻落实《郑州市地方志工作规定》要求，理顺管理体制和运行机制，分级负责与属地管理相结合，明确了市、县（市、区）、镇（街道）、村等各级在志书编纂中的具体权责，一级抓一级，层层抓落实，形成了踏石留印、抓铁有痕的良好工作格局。

在编纂方式上，我们积极适应“读图时代”的现代读者需求，在锤炼文字表达的同时，特别突出了“图像存史”的作用。我们与河南省美术家协会合作，组织一批在省内乃至全国有影响力的优秀画家，深入基层开展采风创作，用画笔描绘郑州美丽乡村和城市现代街区风貌。我们要求编纂单位注意对优秀美术作品的资料收集，如巩义籍著名画家陈天然、徐小龙等长年扎根农村基层，创作出一批表现浓郁乡土风情的优秀美术作品，经其家人慨允，许多作品收入相关志书，成为熠熠生辉的亮点。中共郑州市委宣传部外宣办，河南日报新闻图片有限公司，郑州日报社及市、县（市、区）摄影家协会等单位和许多优秀、敬业的摄影家，为我们提供、创作了一大批精彩的摄影作品，与志书篇章结构和语言文字同步配合，形成了一个全新的图像叙事体系。这已不是简单的配图、插图、图文并茂，而是把图像证史、存史放在了编纂方式创新的维度上来考量其价值与意义。

为提高志书编纂的学术品质，我们与郑州大学建筑学院合作，开展传统村落与民居保护和城市街区建筑文化专项调查，形成了一批研究成果，并在编纂中予以重点展示。郑州市是中华文明探源工程、夏商周断代工程等考古研究的重点区域，拥有世界文化遗产——登封“天地之中”历史建筑群和诸多国家重点文物保护单位，各类历史文化遗迹俯拾即是。

在文物部门的大力支持下，我们在相关志书编纂中，注意收录考古最新发现及研究成果，以丰富志书编纂的文化内涵。

这里需要特别感谢的是，河南日报农村版、中国水利水电出版社等单位积极、热情地参与到编纂工作中，帮助我们探索了史志工作与专业机构通力合作、优势互补、众手成志的史志编纂新模式。在这部丛书出版之际，谨向支持、参与这项工作的所有部门、单位，领导、专家和基层史志工作者表示真诚的谢意！

以上是我们在郑州市名镇志、名村志、名街志文化工程中的一些尝试，不足之处敬请批评指正，以便在今后工作中认真加以改进。

郑州市地方史志办公室

2019 年 12 月

凡　例

一、指导思想　以马克思列宁主义、毛泽东思想、邓小平理论、“三个代表”重要思想、科学发展观、习近平新时代中国特色社会主义思想为指导，坚持辩证唯物主义和历史唯物主义的立场、观点和方法，存真求实，全面、客观、系统记述中国名镇城镇化进程和改革开放成果，传承和抢救乡土历史文化，激发爱国爱乡情怀，留住乡愁，为探索中国特色新型城镇化建设、服务乡村振兴战略提供历史智慧和现实借鉴。

二、质量要求　参照中国地方志指导小组印发的《地方志书质量规定》执行。在坚持志体的前提下，体裁运用、篇目设置、资料选择等作适当创新。内容以记载镇域范围内的微观资料为主，详市县志之所略。根据不同类型名镇的特点，记述域内自然、政治、经济、文化、社会的历史与现状，重在突出当地“名”与“特”的内涵，从而达到执简驭繁、文约事丰、易于阅读、利于普及的目的。

三、时间断限　为全面反映入志事物发展脉络，各志上限追溯至事物发端，下限一般断至各镇志启动编修年份，个别重大事项可延至搁笔。详今明古，着重反映时代特色和地方特点，重点体现各镇的“名”与“特”。

四、记述范围　记述地域范围以下限年份的行政辖区为主。为体现名镇在更大区域内的意义，可以从更开阔的区域视野记述与该镇相关的内容。

五、总体结构　统一采用纲目体，设类目、分目、条目三个层次。横排门类，纵述史实。所设类目除《中国名镇志丛书基本篇目》要求的必设内容外，个别事项根据本镇实际情况适当作升格或降格处理。

六、体裁形式　综合运用述、记、志、传、图、表、录等各种体裁，以志体为主。体裁运用适当创新，篇目设置不求面面俱到，一般意义上的乡镇级内容可简略记述。

七、语言文体　除引用文字和附录文献资料外，统一使用规范的现代语体文记述，行文力求朴实、严谨、简洁、流畅，具有较强可读性。

八、人物载录　人物类目设人物传略、名人与 ×× 镇、人物表录等分目。人物传略遵循“生不立传”原则，选录对本镇发展有重大影响者，按生年排序。名人与 ×× 镇记述在政治、经济、文化、社会等方面有重大影响的著名人物（政治家、艺术家等）在本镇的活动历史片段。同时，在其他类目中采用以事系人的方式介绍人物。

九、图照表格　志中随文配图，图下设文字说明，图文并茂。表格统一编排序号。

十、数据　各项数据一般采用国家统计部门数据。数据缺乏的，采用主管部门或主办单位正式提供的数据。

十一、计量单位　采用国务院 1984 年 2 月发布的中华人民共和国法定计量单位。历史上使用的计量单位，如斗、石、里、尺、磅、华氏度等，在引文时照录，并以类目为单位首次出现时应加注。

十二、纪年　中华民国成立前的纪年，使用朝代年号纪年，括注公元年份；中华民国成立后的纪年，均使用公元纪年。志中所称“解放前（后）”，以该镇解放日为界；“新中国成立前（后）”，以中华人民共和国成立日 1949 年 10 月 1 日为界；“改革开放前（后）”，以 1978 年 12 月中共十一届三中全会召开为界。“×× 年代”，凡未加世纪者，均指 20 世纪。

十三、称谓　记事概以第三人称记述。人名直书其姓名，必要时冠以职务职称。地名以现行标准地名为准。如使用历史地名，于首次出现时括注现行地名。各个历史时期的党派、团体、组织、机构、职务等均以当时名称为准。对于称谓过长而又频繁使用者，于首次出现时使用全称并同时括注简称，之后使用简称。

十四、数字、标点　遵循国家标准和出版规定，志中数字书写以 GB/T 15835—2011《出版物上数字用法》为准，使用标点符号以 GB/T 15834—2011《标点符号用法》为准。

十五、本凡例对于各镇志编纂中的未尽事宜，在“编纂始末”中予以说明。

目 录

概述

回郭镇位于巩义市的西大门，与洛阳市偃师市接壤，地处郑州—洛阳工业走廊中心地带。全镇总面积约50平方千米，耕地3.7万亩，辖21个行政村、226个村民小组，常住人口13.6万人。

回郭镇历史悠久，文化厚重。千百年来，勤劳肯干的回郭镇人民创造了灿烂的文明。特别是近代以来，凭着“敢想敢干、愈挫愈勇、永争第一”的回郭镇精神，回郭镇创造了一个又一个辉煌，走出了一条永续改革创新、不断转型升级的道路，受到世人关注。

一

回郭镇南依嵩山，北临洛水，东连北宋皇陵，西至白云古寺，地处郑州—洛阳工业走廊中心地带。全镇总面积 50 平方千米，耕地 3.7 万亩，常住人口 13 万余人，辖 21 个行政村、226 个村民组。

据《竹书纪年》《逸周书》等历史文献记载，距今四千多年前，即公元前 2043 年至公元前 1500 年，从夏朝第三任君主、启的儿子太康迁都斟鄩，此后一直到夏桀皆以斟鄩为都城。鄩城分为南鄩和北鄩，以洛水为界，今洛北孙家湾一带为北鄩，洛南回郭镇罗庄一带为南鄩。

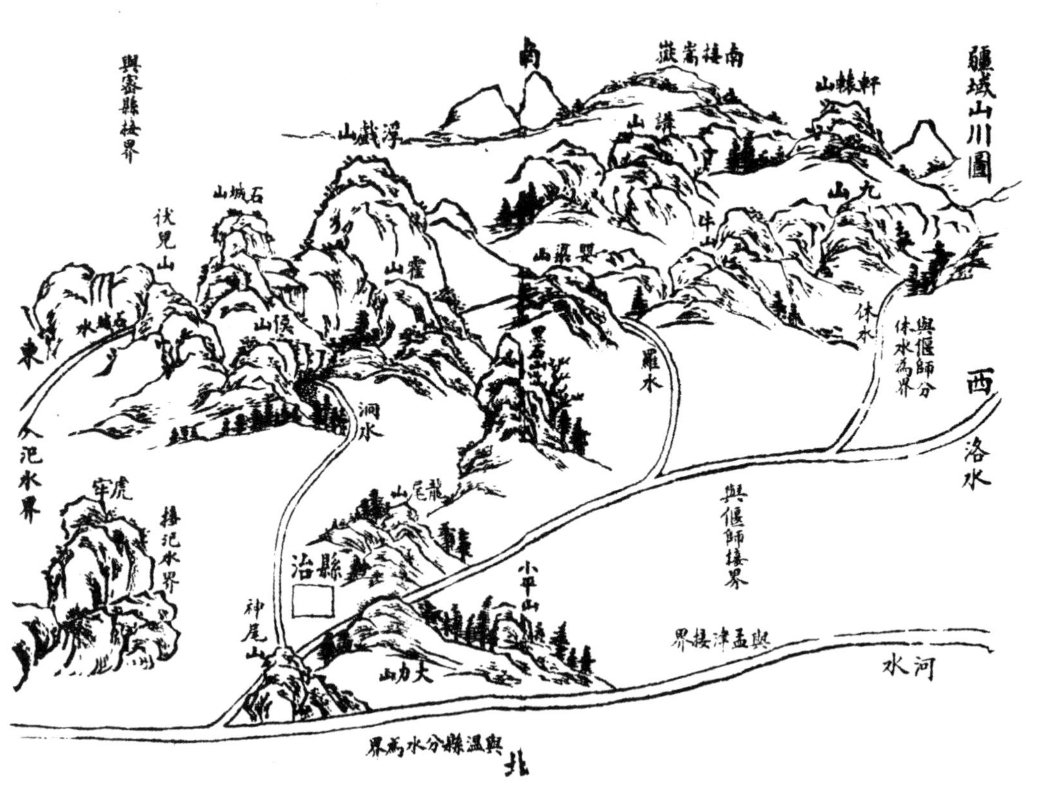

回郭镇在清乾隆《巩县志》中的位置图

伊洛河

夏朝在中华文明史上具有划时代的意义，而斟鄩正是这一古老文明的发祥地。夏亡之后，至武周营洛，斟鄩为京畿重邑，又称罗宫。秦汉时罗宫废为聚落，称罗庄，延续至今。

回郭镇伊洛河畔有洛神庙，三国时曹植路经洛水，写下了千古名篇《洛神赋》。

唐朝时，汾阳王郭子仪平定“安史之乱”征战于此地，这是回郭镇镇名的典故由来。

二

回郭镇是水陆交通的重要驿站，明朝至清朝康乾盛世，由于交通便利，人口聚集，商业兴旺，成为远近闻名的商埠。乾隆年间，回郭镇已是河南四大名镇之一。

辛亥革命后，回郭镇倡办教育，实业救国，现代工商业发展迅速，渐趋发达。

新中国成立后，20世纪50年代末，回郭镇开始兴办小钢铁、小煤矿、小机械、小水泥、小化肥“五小工业”。至70年代，利用“滚雪球”“母鸡下蛋”的办法，先后开办了

20 世纪 60 年代回郭镇炸药厂

20 世纪 70 年代回郭镇化肥厂

20 世纪 70 年代回郭镇棉织厂

20 世纪 70 年代回郭镇农机厂

炸药厂、机械厂、工艺美术厂、化肥厂、棉纺厂、铸造厂、砖瓦厂、电器厂、第二化工厂等，成为全国“工业学大庆”先进单位。回郭镇“围绕农业办工业、办好工业促农业”的发展思路和率先发展社队企业的举措，受到上级领导高度关注。1975 年 10 月 11 日，《人民日报》头版头条刊发了长篇报道《伟大的光明灿烂的希望》，向全国宣传推广了回郭镇经验。

回郭镇大办社队工业的创举，对中国乡镇企业的发展起到了积极的引领、示范作用。

三

自新中国成立以来，特别是改革开放四十多年来，回郭镇人敢想敢干，愈挫愈勇，勇争第一，闯出了一条勇于改革创新、不断转型升级的路子。

1982 年 8 月，伊洛河涨水，回郭镇变成了一片泽国。洪水过后，勤劳勇敢的回郭镇人民在废墟上盖起了简陋的厂房，买了机器，开始了以家庭为主的经济发展模式。1984 年，全镇工农业总产值在全省率先突破了亿元大关。河南军区经省政府同意在回郭镇召开了民兵带头致富现场会，回郭镇被省委、省政府、省军区树为“率先致富”的典型。

借着这次会议的东风，全镇呈现出“家家办工厂，户户机器响，老少齐上阵，妇孺闯市场”的局面。电线、家用电器、机械、化工、化纤、轻纺、海绵设备、钢板带、农副产品加工等工厂如雨后春笋般涌现。其中仅生产电线电缆的个体厂家就有 1000 多个，回郭镇成为全国有名的电线电缆生产和产品集散地。

1993 年，回郭镇开始兴建优质电线电缆生产基地。电线电缆基地的建立使家庭作坊式的经济进入到社会化大生产中来，向更高层次发展。当年回郭镇工农业总产值突破十亿大关，成为全国百强乡镇。

20 世纪 90 年代回郭镇的个体经营电线电缆厂

20 世纪 90 年代回郭镇中州化纤厂生产车间

四

进入 21 世纪，随着国家宏观调控政策的实施及城网农网改造工程的结束，回郭镇的主导产业——电线电缆行业走入了低谷。回郭镇逐渐把眼光转向新兴产业上来，新一代企业家采取民间融资、股份合作的形式，从国外购进先进设备，高薪聘请国内行业专家、教授担任技术顾问，进行技术创新。明泰铝业、顺源铝业、万达铝业、鑫泰铝业等一批铝加工大型企业先后建成投产，产品由原来的铝板扩展至铝带、铝箔、PS 板基等几十个品种。一时间全镇共有铝板带箔加工企业 21 家，年铝加工能力达 100 万吨，一举成为全国最大的普通铝板带箔生产基地，年销售收入达 200 亿元。

全镇许多企业在经济浪潮的拍打下，在铝加工业的辐射带动下，纷纷调结构、跑资金、上项目、求发展，逐步向铝、铜深加工、合金铝、包装、化纤新材料、板带钢等新兴产业进军，走上了一条规模化、集团化、效益化的良性发展道路。

在电线电缆园区的基础上，巩义市产业集聚区应运而生。位于镇中心区域的巩义市产业集聚区规划面积 13.3 平方千米，建成面积 10.2 平方千米。2008 年入选河南省首批省级

巩义市产业集聚区

产业集聚区，2010 年被省科技厅命名为河南省高新技术特色产业基地；2012 年被工信部命名为国家新型工业化产业示范基地；2016 年被省政府评定为二星级产业集聚区、先进产业集聚区；2017 年入选全省集聚区 20 强，并荣获河南省产业集群商标品牌培育基地；2019 年被授予国家三星级新型工业化产业示范基地。目前，全区入驻法人企业 802 家，其中规模以上工业企业 113 家，销售收入超亿元 42 家，上市企业 1 家，形成了以汽车舰船轨道交通用铝合金板、铝电子材料、铝建筑装饰材料、铝食品包装材料、铝印刷基材、铝餐厨用具、铝制家具、LED 灯具配件为主的产品结构。全区已建成铝铸轧线 175 条，热连轧线 4 条，冷轧线 39 条，箔轧线 27 条，年铝精加工能力 250 万吨。主导产品中电子箔占国内市场的 60% 以上，PS 板基占 35% 以上，空调箔占 30% 以上，基本主导全国价格定位。

在产业发展的同时，回郭镇坚持“以城促产、产城融合”的理念，实施了“九路工程”，形成了“两条铁路并肩行、三条公路环其中”的大交通和“六纵六横”的内部路网；建设了巩义高铁南站、中心实验幼儿园、污水处理厂、燃气站、变电站、人民公园等工程，基础设施和公共服务设施更加完善；建成了龙祥花苑、北寺社区等现代化住宅，碧桂园·中州府、泰和园、龙祥锦园、裕恒秀园等社区正在加紧建设，小城市的面貌初步显现。

新时代、新梦想、新追求。乘着高质量发展的东风，回郭镇立足于实现全域城镇化，瞄准具有国际水平的千亿级铝精深加工基地、省级产业集聚区、巩义市域副中心的定位，高标准谋划了“一轴、两心、三区”空间结构，为未来发展描绘了美好蓝图。

展望未来，回郭镇将不忘初心，砥砺前行，统筹推进“五位一体”总体布局，协调推进“四个全面”战略布局，贯彻落实新发展理念，加快建设转型升级示范区、产城融合引领区、富裕文明首善区，重铸“伟大的光明灿烂的希望”。

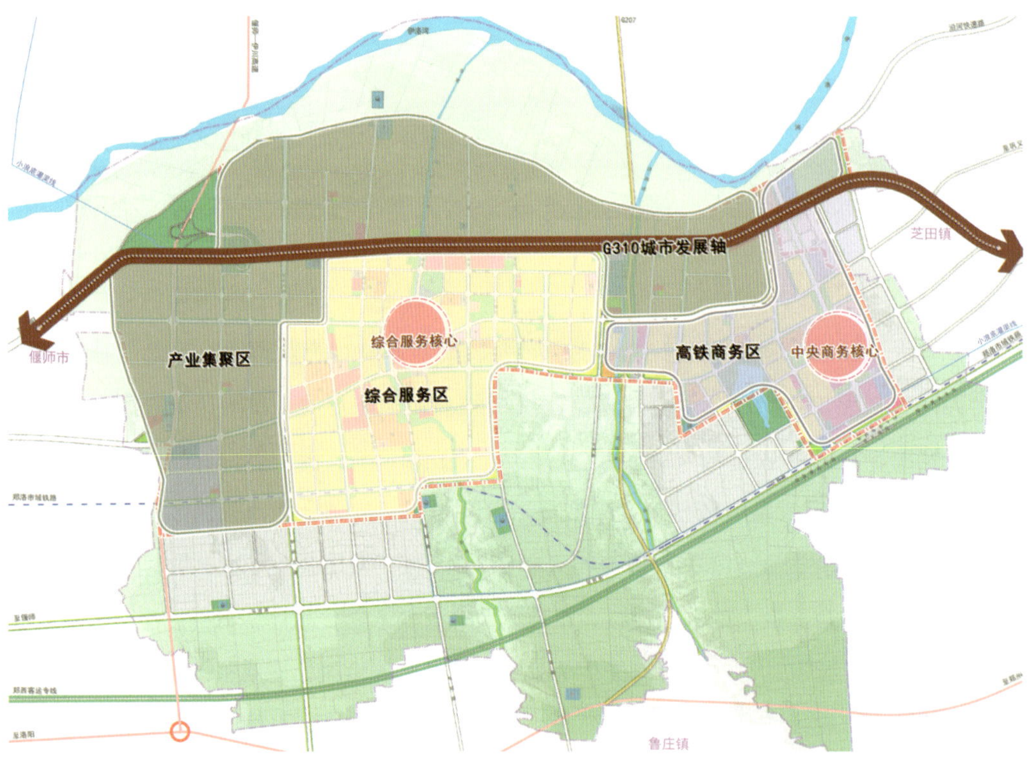

回郭镇镇域规划空间结构图

基本镇情

回郭镇是历史古镇，位于巩义市西大门，是巩义市规划的市域副中心，与洛阳偃师市接壤，地处郑州—洛阳工业走廊中心地带。经济总量居河南省乡镇前列，是国家级经济发达镇，国家级重点镇，全国千强镇，河南省卫生镇，河南省重点示范镇。

回郭镇是全国乡镇企业的发祥地之一。21 世纪以来，随着不断转型升级，目前铝精深加工业已成为全镇的主导产业，位于镇中心区域的巩义市产业集聚区是全国最大的铝板带箔加工基地，具有产业规模大、技术装备强、科技含量高、产业门类全等特点，是国家三星级新型工业化示范基地，河南省重点产业集聚区。

建置区划

镇名由来

回郭镇历史悠久，文化底蕴深厚。夏王朝曾在此建都，这里流传着“后羿射日”和“嫦娥奔月”的神话故事。三国时，曹植途经此地，看到洛水河畔的美丽景色，写出了流传千古的《洛神赋》。回郭镇是个古老的集镇，因人们农桑之余常在坡头河湾处烧制石灰，曾名“灰坡头”。

相传唐朝天宝十四年（755 年）安禄山叛乱，大将郭子仪率军队收复洛阳，曾在此作战。他在征集粮草时得知，此地南岗常有妖雾交腾，散于田野，致使五谷不登。于是，郭子仪率兵找到妖风出口，拔剑直插洞顶，力镇妖邪，为民除害。郭子仪除邪这一功绩被乡民铭记心中，“灰坡头”由此演变为“回郭头”。明朝初年，这里人烟稠密，商业贸易发展，“回郭头”逐渐演变为“回郭头镇”，后定名为回郭镇。

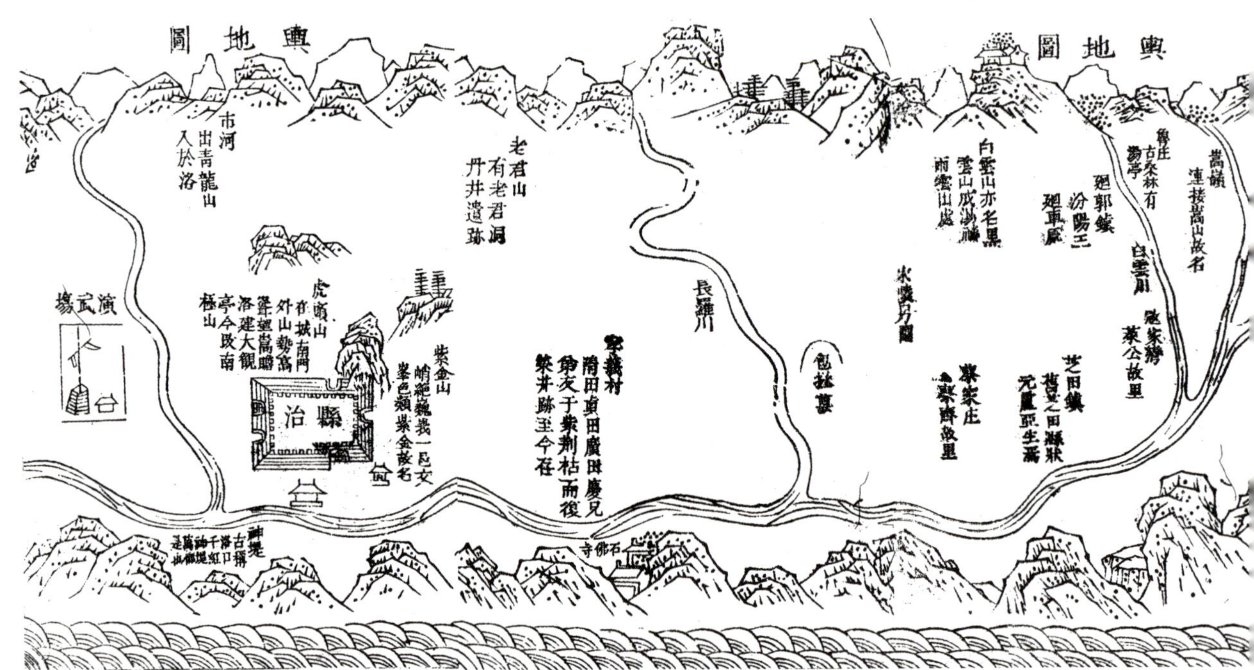

（乾隆）《巩县志》舆地图

建置沿革

北宋：景德四年（1007年），划巩县西部、偃师东部设置永安县，回郭镇属永安县，后改为永安军，回郭镇属永安军。

金：属河南府，治所在洛阳。

元：属河南府路，治所在洛阳。

明：属河南郡，治所在洛阳，明嘉靖三十四年（1555年）《巩县志》载：全县分为九保二十二里，回郭头镇在县西南苏村保。明嘉靖年间省称“回郭镇”。

清：全县分为十里，回郭镇属罗堤里。

民国元年至二十年（1912—1931年），全县分为五里十区，区下建立保卫团，回郭镇为一个保卫团，以后名称又由保卫团变为联保，但区域未变。后来省称回郭镇。

1948年2月，回郭镇解放，四月在回郭镇设巩县第四区人民民主政府。

1959年，成立回郭镇人民公社，1983年体制改革，改为回郭镇人民政府，一直至今。

所辖村庄

全镇下辖21个行政村、226个村民组。行政村从东往西分别为小訾殿、清东、清中、清西、柏漫、南罗、北罗、东庙、李沟、北寺、马口、向阳、卢医庙、前庄、杨庄、驻驾庄、李邵、刘村、柏峪、柴沟、干沟。

以下为各行政村所辖自然村情况：

小訾殿村。

清东村：包括马牙沟、小东沟、大东沟、孙坡。

清中村：包括部坡、南沟、何阴。

清西村：包括庙坡、杨坡、张楼。

柏漫村：包括漫流沟、柏坡、大院沟。

南罗村：包括沙沟河、椅子圈、大坡头、里山沟、南寨沟、南新庄、南高地。

北罗村。

东庙村：包括邵寨、红染房、东庙。

李沟村：包括安庆沟、天平街。

偃师市
伊
洛
河
菜园村
马家楼
西寨村
李邵村
刘村
G310
前庄村
北杨村
北寺村
人民路
回郭镇人民政府
马口村
驻驾庄
西圪垯
小寨
向阳村
卢医庙村
北罗村
南罗村
柏漫村
干沟村
椞沟村
柏峪
外顶村
西刘庄
东刘庄
大王庄
清西村
清东村
清中村
扎志沟
小訾殿村
芝
郑西客运专线
巩义南站
鲁庄镇

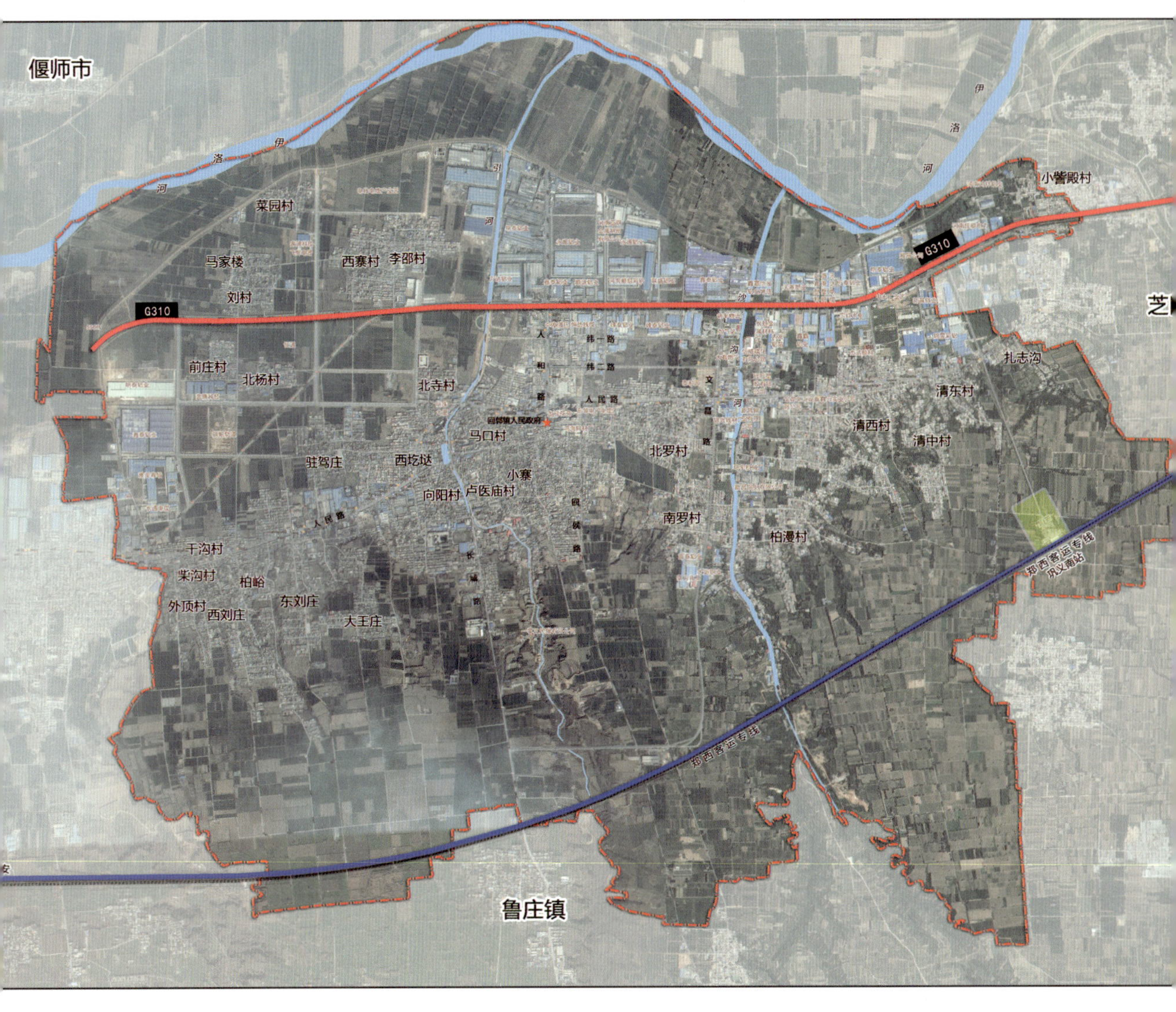

回郭镇村庄区划

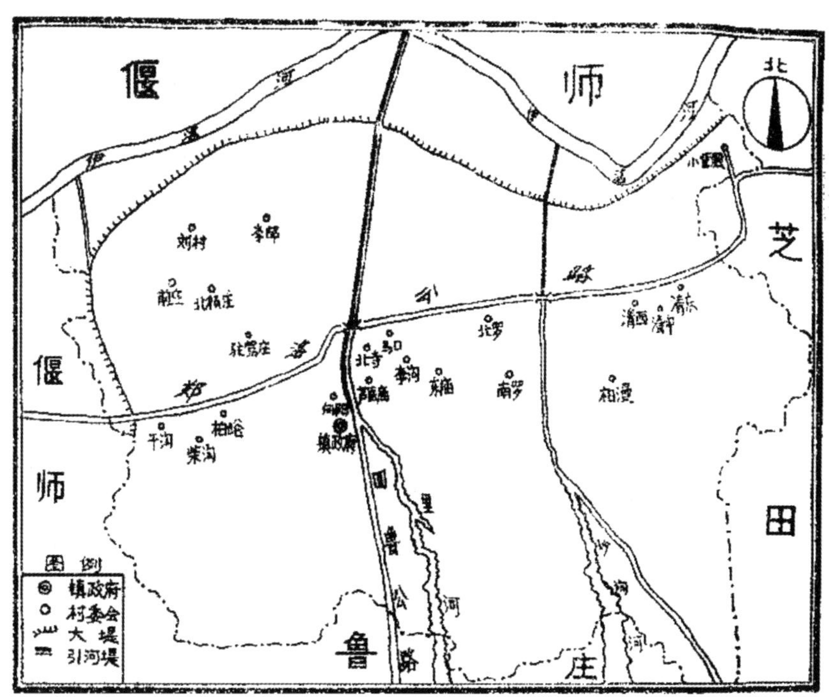

1985 年《回郭镇志》中的回郭镇概况图

北寺村：包括后寺阙、三角堂。

马口村：包括马口村、李家拐（即现在原影剧院后北大街）。

向阳村：包括西圪垯、杨树湾。

卢医庙村：包括太平街、太和街、南河湾。

前庄村。

杨庄村。

驻驾庄。

李邵村：包括邵阙、曹阙、前李家阙、后李家阙、马阙、杨路口。

刘村：包括刘村、马楼、王疙瘩、菜园。

柏峪村：包括东王庄、贾坡、南湾、瓦窑沟、西王庄、东刘庄、柏峪沟、杨庄、马上窑、小李沟。

柴沟村：包括刘坞兰、柴沟、紫顶、西刘庄、神仙沟。

干沟村：包括干沟寨、魏顶、西瓦窑沟。

柏漫村

创文明城
办税服务厅

东庙村

东庙村新型城镇化社区

干沟村

自然环境

地理位置

回郭镇位于巩义市最西部，距巩义市城区 19 千米。地理坐标为北纬 34° 41′，东经 112° 51′，东西宽 9 千米，南北长 7 千米。东、东南分别与芝田镇、西村镇接界，南与鲁庄镇毗邻，西与偃师市缑氏镇接壤，北与偃师山化乡隔伊洛河相望。回郭镇区位优越，交通便利。310 国道及 S314 省道—207 国道连线在这里交汇，郑州—西安高速铁路纵贯全镇，巩义南站就建于此，207 国道改线工程（正在设计施工中）穿镇而过，成为境内又一重要道路。

郑西高铁巩义南站

地质地貌

回郭镇地处嵩山脚下，伊洛河畔，自然形成了南高北低、半滩半岭地势，南岗丘岭起伏，北滩沃野平旷。岭地为嵩山余脉所致，滩地为伊洛河冲积平原。最高点在北罗村岭上部屋子地片，海拔 204 米；最低在清东村内滩蛤蟆洼一带，海拔 114 米，高低差 90 米。南岗与北滩交接处壕沟列布，将岗崖划为虎趾，以其中两条大沟为界，将南岗分为东、中、西三部分，沙沟河以东称为东岭，里河以西称为西岭，两河之间称为中岭。

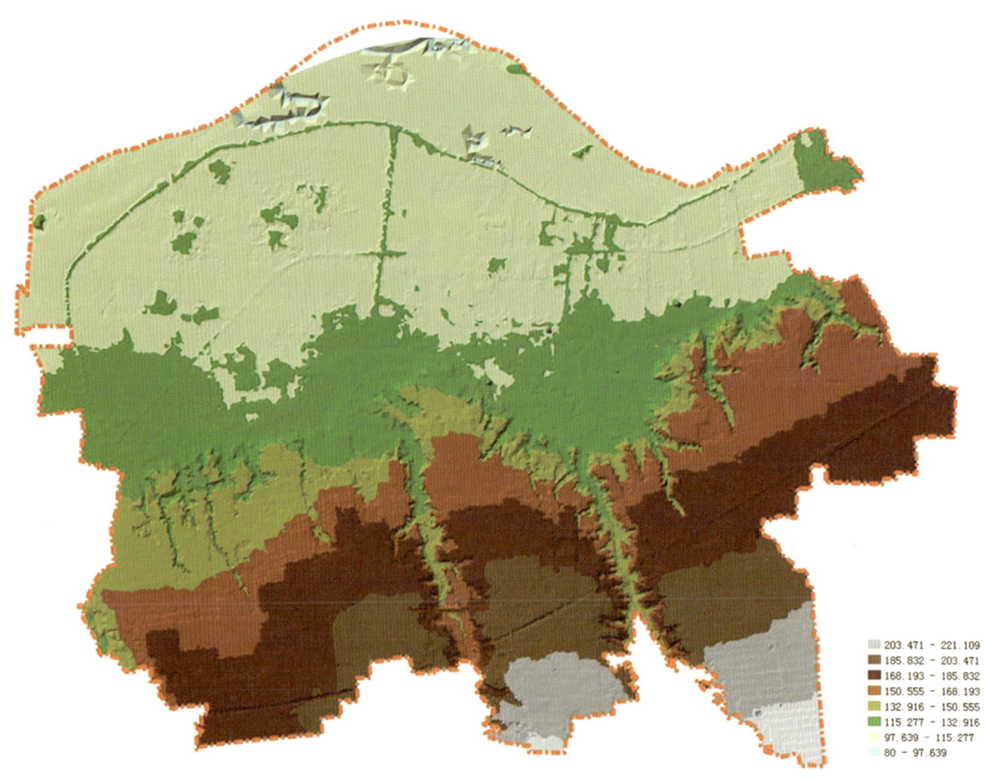

回郭镇地形分析图

气 候

回郭镇属于北温带大陆性气候，空气干燥，四季分明，寒暑温差尤大，夏季最高温度45℃，冬季最低温度 -15.4℃。农历二月、八月一日之内，气温亦有悬殊变化，所以在镇区流传有“二八月乱穿衣”之谚语。

气 温 据巩义气象站记载：从 1962—1980 年该镇年平均气温是 14.6℃，比全省同纬度各县稍高，比偃师高 0.4℃，比渑池高 2.2℃，比郑州高 0.4℃，比开封高 0.6℃。月平均气温以 7 月最高为 27.3℃，1 月最低为 0.4℃，气温年较差为 26.9℃。从 1—7 月的 6 个月中，气温逐月递升，以 4—5 月升温最快，平均月递增 6.4℃。历年极端最高气温为 43℃（1966 年 6 月 22 日），7 月以后渐次下降。其中秋季各月降温较迅速，各月都在 5℃以上，11 月平均比 10 月下降 7℃，历年来最低气温为 -15.4℃（1969 年 1 月 31 日）。据近年来气温数据记载，回郭镇全年气温基本在 -8~42℃。

降 水 由于受季风气候的影响，回郭镇地区各季降雨量相差悬殊。全年相比较，以夏季（6—8 月）降雨量最多，从历史资料来看，历年平均 291.0 毫米，占全年总降雨量的 49.9%；秋季（9—11 月）平均降水 154.4 毫米，占全年总降雨量的 26.5%；春季（3—5 月）平均降水量 116.4 毫米，占全年总降雨量的 20%；冬季（12 月至次年 2 月）平均只有 21.0 毫米，仅占全年总降雨量的 3.6%。

日 照 回郭镇四季分明，气候温和，雨热同季。全年日照时间约 2060 小时，占全年可照时间的 53%。平均太阳辐射总量为 117.47 千卡每平方厘米，变化规律为 6 月最多，12 月最少，为 5.81 千卡每平方厘米。夏天较长，约 14 小时；冬天较短，约 10 个小时。全年平均气温在 14.3~14.8℃，无霜期 220 天。

风 回郭镇风向顺循，无多变化，夏季多东南风，冬季多西北风。当地人民常根据风吹云移的方向预测天气变化，农谚曰：云彩往东一场风，云彩往西一场雨，北风劲吹，干锭研墨。风力一般在三级左右，夏季小麦扬场时节，常见小股旋风，没有一定方向。

回郭镇少有大风，但仅有的几次大风，风力却有时高达 8 级以上。1952 年夏季，狂风交以猛雨，碗口粗的树干折断者不计其数。近年来也有两次较大风力，如 2012 年 6 月 24 日的大风，将直径达 20 厘米以上的树木刮断多棵。

湿 度 回郭镇属于半干旱地区，从各月的平均情况来看，只有 7 月降雨量多于蒸发量，属于湿润期，是土壤层蓄水增墒时期。从 8 月到翌年 6 月，降水量少于蒸发量，土壤水分含量减少，是土壤失墒时期。春季 3—5 月的湿度小于秋季 9—11 月的湿度，6 月的湿润度比秋季各月都小，春旱和初夏旱比秋旱严重。

回郭镇平均各月湿度调查表

单位：%RH

月份	1	2	3	4	5	6	7	8	9	10	11	12	年平均
湿度	10	17	22	46	27	26	113	90	87	42	32	13	46

自然灾害 回郭镇的自然灾害多为水灾，由伊洛河泛滥所致，每年 7 月、8 月雨量比较集中，河水往往由冬春季节的 30~40 立方米每秒猛增到 1000 立方米每秒，不少年份高达 3000~4000 立方米每秒。

为防水患，从清同治元年（1862 年）开始，回郭镇村民就在河滩筑起土堤。新中国成立后于 1957 年动员合作化后的各村群众修筑大堤，西起干沟河，东到小訾殿村与芝田镇交界处。大堤全长 8400 米，底宽 25 米，高度 4.5~5 米，顶面宽 3 米，占地 315 亩，投工 10 余万，完成土方 57 万方，建成了规模较大的防洪工程。其间 1958 年小范围的一次决口造成水灾，1959 年秋季完成复堤。1976 年第二次复堤。

历史上最大一次决堤发生在 1982 年 7 月 29 日至 8 月 3 日，当时连降大雨，累计降雨量达到 700 毫米，造成百年不遇大水灾，冲毁大堤 127 米，伊洛河水泻入内滩，造成郑洛公路（310 国道）以北李邵、刘村、前庄、杨庄等 7 个村、170 个村民小组被淹。当时镇党委政府及时拨付资金，安置群众数千人，支援物资和防洪设施，并在最短时间内防止了疫病流行。随后，当地政府加强了每年的抗洪防灾工作，再没有出现大的洪涝灾害。随着三峡小浪底工程竣工，伊洛河流域的水患基本消除。

水 文

河 流 回郭镇流经的河流为伊洛河，属于黄河水系。伊洛河由西向东从偃师市顾县镇的杨村和偃师市城关镇的许庄村之间而来，经本镇7个行政村流入芝田镇。境内河段长 9.4 千米，河面均宽 200 米，最深处 3 米。冬春季流量有 40 立方米每秒，7 月、8 月水量增多，一般流量可达 500~600 立方米每秒。1982 年 8 月 2 日，河水流量猛增到 7300 立方米每秒，造成百年不遇的特大洪水灾害。

伊洛河

地下水 回郭镇属于伊洛盆地，地下水丰富，北部平原区地下水埋深 3 ~ 5 米，平均单位容水量 12 吨每小时立方米，贮藏条件好，易开发。

地表径流 地表径流来自天然降水，境内年平均降水量 583 毫米，径流系数大于 0.2。

土 壤

土壤方面，土壤的熟化程度较高，比较肥沃。据 1978 年全国土壤调查鉴定，酸碱度一般为中性，类型大体为面沙土、两合土、红淤土、黑炉土、白土、姜黄土、红鸡粪土共 7 种。全镇目前共有土地 3.7 万亩，大体划分为 292 个地片耕作，主要分布在南岭北滩，种植农作物为小麦、玉米、谷物等。

物 产

粮食作物 小麦、玉米是回郭镇的主要粮食作物。小麦一般每年 10 月播种，5 月收获。玉米每年 5 月中下旬播种，9 月底收获。回郭镇属温带季风性气候，可以种植水稻，历史上曾有小范围种植。2017 年至今，部分种植合作社通过土地流转，在沿伊洛河的河滩地种植水稻千余亩，效益逐年增加。

小麦田

经济作物 新中国成立初期到80年代，棉花为回郭镇的重要经济作物，种植面积3600多亩，年上交皮棉51649千克。改革开放以后，随着工业经济快速发展，越来越多的土地用于工业，第二产业逐渐取代第一产业成为全镇的支柱产业。

蔬 菜 全镇蔬菜品类繁多，达数十种。白萝卜、红萝卜、茄蓝、莲菜、葱、韭、芹、芫荽、大青菜、黑白菜、莙荙菜、云仙菜、番茄、南瓜、荀瓜、黄瓜、瓠子、豇豆、四季豆等应有尽有。

其中回郭镇包芯大白菜闻名全省，棵重一般在20斤左右，有的重达50斤以上。包芯大白菜菜质细嫩，纤维组织极少，营养丰富，存放期长，为城乡居民节日喜爱之佳品，并远销北京、上海、武汉等地，种植面积一度达到8000亩。

瓜 果 果树中以苹果为最多，其次有梨、李子、梅子等。瓜类主要有西瓜、甜瓜。石榴树、枣树遍植村落院户，近年来随着土地流转、规模经营，特色林果业成为群众增收新途径。

畜 禽 家畜以猪、驴、马、骡、牛为主。兔、狗、貂、猫也有饲养。近年来，克兰、长白条等优良品种猪得到推广，家禽主要为鸡、鸭、鹅。

苹果

人口民族

人口总量

1948年，回郭镇解放时，全镇总户数为6259户，总人口为36452人。

新中国成立后，经过五次人口普查，1953年，全镇总户数为8030户，总人口为42860人。

1964年，全镇总户数为8801户，总人口为45978人，其中男性22439人、女性23539人，非农业人口为631人。

1982年，全镇总户数为13952户，总人口为66544人，其中男性32808人，女性33736人，非农业人口1588人；镇区人口（包括东庙、马口、李沟、北寺、卢医庙、向阳 6 村）22043 人。

2008 年，全镇总户数为 21041 户，总人口为 86245 人，其中男性 44157 人，女性 42088 人，男女比例为 1.05 ：1。其中，农业人口 79026 人，非农业人口 7219 人。18 岁以下 17338 人，18~35 岁 26546 人，35~60 岁 29578 人，60 岁以上 12783 人。

2017 年，全镇总户数为 35423 户，常住人口 117250 人，其中乡村人口 95877 人，男性 57335 人、女性 38542 人。乡村劳动力资源 67926 人，其中男性 41389 人、女性 26537 人。乡村从业人员 54002 人，其中男性 32647 人，农业从业人员 3830 人；女性 21355 人，农业从业人员 2791 人。

改革开放以后，尤其是进入 20 世纪 90 年代以来，随着全镇工业经济快速发展，民营企业增长迅速，大量外来人口涌入，截至 2017 年年底，全镇总人口达到 117250 人，其中外来就业人口占 15% 左右。

回郭镇近年来人口统计表

单位：人

年份	2004	2006	2008	2010	2012	2014	2016	2017
人口	83482	84898	86245	113810	114092	114947	115973	117250

源流迁徙

明初，因社会动荡，战火纷飞，疫病流行，人口锐减，大量移民从山西洪洞县迁入回郭镇，人烟渐趋稠密。

姓氏组成

回郭镇原居姓氏为：镇区东“安”西“康”南“胡”北“方”，镇区以东“訾”“经”，镇区以西“朱”“贾”，都是老住户。

随着明初移民及后来外地人口迁入，至今有张、王、李、赵、安、康、胡、方、訾、经、朱、贾、贺、何、郝、马、高、郜、邵、郐、刘、柳、吴、武、孙、柴、魏、杨、陈、毕、任、姚、周、田、裴、段、闫、谢、褚、仇、阎、穆等姓氏。大多数姓氏均以自然村集中分布。

社会发展

科技科普

回郭镇于 20 世纪 80 年代成立了回郭镇科学技术学会（简称“科协”），下设工业学会、农业学会和蔬菜研究会，成员达上千人。

科协建立以来，采取多种形式开展科普宣传，利用板报、有线广播、技术报告会、技术学习班、科技咨询处、科技文化馆等形式，组织图书资料宣传，放映科技片，举行科技展览，开展技术竞赛，有力地提高了广大人民的科技水平。

在农业方面，推广旱稻夏播和花生、小麦、棉花、大白菜种植，以及地膜应用等技术。在林业方面，推广泡桐、果树、花卉等经济林木种植技术。在养殖方面，重点推广了饲料的科学养殖。

镇科协和北京、上海、西安、武汉、郑州等地 59 个大专院校建立了经常的技术业务联系。2002 年初，回郭镇还与中国数据库武汉情报中心建立了合作关系，在回郭镇成立了“科技创新服务中心”，连上了全镇第一根光纤，存储了工业、农业和三产发展相关的最新技术资料，面向全镇群众开展咨询服务。

20 世纪 80 年代回郭镇镇办企业接受技术培训

进入 21 世纪以来，随着回郭镇铝加工业的发展壮大，在河南明泰铝业的技术研发带动下，辖区各铝、铜加工企业加大技术投入，与科研院校合作，相继成立了明泰铝业“院士工作站”和“研发中心”。开展技术研发，不断对设备进行升级改造，降本增效，节能降耗，申报专利数百项，推动“巩义市产业集聚区”由简单的铝加工发展成为全国最大的铝精深加工基地，走在全省前列，成为河南省百强经济强镇和中国千强镇。

截至目前，该镇有高新技术企业 7 家，国家级科技型中小企业 9 家，郑州市科技型中小企业 9 家。

其中，明泰铝业获得“全国民营企业制造业 500 强”、国家级“绿色工厂”认证和“智能工厂”认证称号，前进民爆巩义分公司炸药生产车间获得“智能车间”认证。积极向上争取政策，明泰铝业 12.5 万吨交通用铝项目申报中央扶持资金 1000 多万元，集聚区争取知识产权专项奖励 5 万元。

2019 年，鑫泰铝业自主开展技术改造，实施铝连铸连轧升级改造项目，攻克了原有铸轧生产线只能生产 7 毫米铝板的难关，可以不经过冷轧直接生产 2.8~7 毫米任意厚度的铝板。生产工艺由企业自主研发，轧制效率提高了 3 倍，极大节省了生产成本，属于国内首创。

明泰铝业智能工厂

2019年，万达铝业投资4.6亿元新上新型铝合金装甲板产业化建设项目，吨加工费达到5万元。该项目的实施全面提高了同类产品的技术等级，带动了相关企业单位的经济收益的提升。

学校教育

李显白创办"工业学堂"、复新学校 20世纪初，政府腐败，民不聊生，回郭镇东庙村李显白目睹列强对中国的侵略，立志革新，主张实业救国，兴办教育。1907年，李显白创办了巩县公立速成工业学堂兼实习工厂，这是巩县最早的一所工业学校。初办教师6人，学生46人，课程为机织、染色、化工、国文、地理、历史、体育、音乐。实习工厂从社会上招收工徒，纺织生产毛巾、布匹等，兼做化工（如肥皂制作）类产品生产。工业学校自创办到1947年，历时40年，培养学生5000多人，在实业方面造就了许多优秀人才。回郭镇染织业的兴起，烟厂的开办，以及新中国成立以后乡镇企业的蓬勃发展，都与这所学校有关系。

1908年，李显白创办复新学校，教师4人，学生89人。据记载，学校的筹建得到了当地士农工商的极力拥护，"大众奔走相告，提泥搬瓦……既落成，妇孺老幼，以入学为荣，工厂门庭若市"。

新中国成立后的教育发展 新中国成立后，党和政府对教育事业高度重视。1949年建有学校15所，其中完全小学2所，教师80人，学生1972人。1968年普及小学教育，全镇中小学生12000人。

进入21世纪，回郭镇的中小学校进行了撤并合点。全镇现有1所高中，为巩义市第三高级中学；2所初中，为回郭镇第一初中、第六初中；8所小学，为回郭镇清中小学、清西小学、柏漫小学、北罗小学、东庙小学、北寺小学、卢医庙小学、万达实验小学；6个教学点，为柏漫小学清东教学点、南罗教学点，北寺小学马口教学点、向阳教学点，万达小学李邵教学点、干沟教学点。现有教职工450人，在校学生6687人，其中小学在校学生4809人、初中在校学生1878人。有幼儿园10所，在园幼儿2000余人，小升初升学率100%，九年义务教育覆盖率达100%。高中在校生1376人，专任教师123人。

2012年以来，镇党委政府建立了政府主导、企业捐资、社会参与的教育投入机制，镇政府注资100万元，发动明泰、万达、顺源、鑫泰等企业各捐100万元，共筹资500万元成立了镇教育基金，专门用于改善教师待遇，并以企业的名字命名了相关学校。明泰、顺源、万达、鑫泰4家企业每年还分别出资不少于10万元，成立了教育奖励基金，每年教师节重奖优秀教师及升入“985”“211”全国重点院校的优秀学子，在全社会营造了尊师重教的浓厚氛围。

巩义市第三高级中学 巩义市第三高级中学位于回郭镇镇区西南部，1953年筹建，1991年巩义市高中布局调整时，由巩义市人民政府投资新建校舍并投入使用。学校位于回郭镇镇区回鲁路中段，占地4.26万平方米，建筑面积2.64万平方米，绿化面积1.73万平方米。学校设施齐全，现有25个教学班，在校学生1376余人，教职工123人，专任教师88人，省级骨干教师1人，郑州市学术技术带头人1人，巩义市级和郑州市级的教学能手、教改积极分子、教改达标教师18人，高级教师9人，中级教师27人。该校为郑州市教育教学先进单位、郑州市普通高中艺术教育成绩显著单位、郑州市花园式单位、郑州市文明标兵学校、郑州市体育达标先进学校、郑州市标准化高中。

回郭镇第一初级中学 回郭镇第一初级中学位于回郭镇镇区回鲁路中段，始建于1991年，占地面积46亩。现有18个教学班，可容纳900余名学生就读，是一所寄宿制中学。学校设施完备，现有教职工76名，其中巩义市级名师3人、骨干教师16人、学科带头人7人、

巩义市第三高级中学

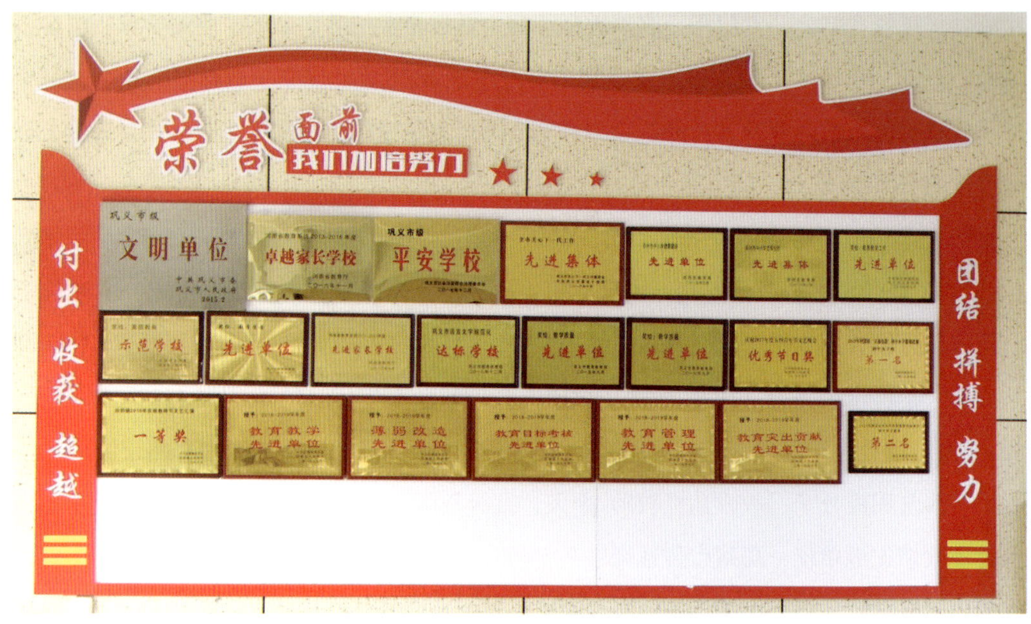

回郭镇第一初级中学所获荣誉

中高级教师50余人。学校坚持“以德立校，依法治校，以研兴校，特色强校”的办学理念，以培养“全面发展的人”为目标，先后被评为郑州市中小学德育建设先进单位、巩义市教育教学先进单位、巩义市文明校园等。

回郭镇第六初级中学 回郭镇第六初级中学创建于1993年，是一所全日制寄宿制农村中学。学校坐落于回郭镇东区，现有3个年级，18个教学班，在校学生900多人，教职员工80人。建校二十余年来，学校始终秉承“严谨笃学、砺志进取”的校训，坚持“科研兴校，特色办学，一切为学生终生发展服务”的办学方向，以德治校，以质求存，教学成绩突飞猛进，中招升学连创佳绩，跻身于巩义市初中教育先进行列，先后获得“河南省教育系统先进家长学校”“郑州市文明学校”“巩义市教学质量先进单位”等荣誉称号，获得了社会各界广泛好评。

北寺小学 北寺小学创建于1913年，原名“华育学校”，历经变迁，于1987年改为北寺小学，是一所具有深厚文化底蕴的百年老校。学校位于回郭镇中心地带，占地面积4600平方米，建筑面积3832平方米，功能齐全，设施先进，现有教职工28人，其中市级骨干教师、学科带头人9人；现有13个教学班，在校学生645人。学校环境幽雅，校风优良，质量一流，坚持“以生为本，和谐发展”的办学理念，秉承“文明、活泼、勤学、

回郭镇六中连续三届荣获巩义市啦啦操第一名

北寺小学

创新”的百年校训，以“办人民满意的教育”为目标，以“养成教育”为特色，全面实施素质教育，取得了突出的成绩。学校先后获得“河南省卓越家长学校”“巩义市文明单位”“十大素质教育示范学校”“特色建设示范学校”“巩义市语言文字规范化示范学校”“巩义市德育创新先进单位”等荣誉称号。

巩义市雷锋小学 巩义市雷锋小学是巩义市最大的农村寄宿小学，始建于2011年2月，又名“万达实验小学”。学校服务回郭镇西区人口3万人。学校教学设施先进，环境幽雅，校风优良，质量一流。

本着“务实求真，立德树人”的校训，建校以来，学校先后获得“学雷锋常态化先进单位”“河南省依法治校示范校”“河南省教育系统五好关工委”“郑州市示范家长学校”“郑州市文明学校”“郑州市平安校园”“巩义市级文明单位”“巩义市文明校园”等荣誉称号。

“雷锋小学”还有一段佳话：1961年8月，回郭镇干沟小学教师在报纸上看到雷锋助人为乐的报道后，给雷锋写信，介绍学校办学困难，希望雷锋给予帮助。雷锋收到信后，于9月11日到银行，从存折上取出100元钱，通过邮局寄给了回郭镇干沟小学，有力地支援了地方的教育事业。此后的1962年，他还写信询问办学情况。2012年8月，这件往事公之于世。当地政府和人民群众把合并后的干沟小学命名为“巩义市雷锋小学”。

雷锋小学

清中小学

清中小学 清中小学位于巩义市回郭镇清中村，占地面积5129平方米，建筑面积2068平方米。现有教职工14人，在校学生180人，6个教学班。学校拥有音乐教室、美术教室、实验室、计算机教室、图书室、仪器室、体育器材室、卫生保健室等，学校设置合理，设施齐全。

学校树立“立德树人、办小而精学校”的办学目标，依托清中村明山寨战斗胜利纪念碑为红色教育基地，将红色资源和英雄事迹编写进校本教材，让学生在红色教育活动中提高爱国主义意识，培养对党忠诚、报效祖国的理想信念。

清西小学 清西小学始建于1936年，当时称为巩县第十完小，主要招收西半县学生入学。1950年，第十完小更名为清西小学。1978年12月，清西村民集资15万元建成了该小学北教学楼；1985年，清西村民再次捐资15万元，建成了南教学楼，至此清西小学初具规模。清西小学位于清西村中心地带，交通便利，学生步行到校最远用时不超过15分钟。学校占地面积7500平方米，在校学生328人，其中本村学生占92%，8%的学生为外来务工人员子女。学生人均使用面积20.7平方米。在编教师17人，大专、本科学历占100%，中级职称12人，占教师队伍的70%。学校1~6年级共9个教学班。2006年被评为“郑州市标准化小学”，2009年被评为“河南省先进家长学校”，2010年被评为“郑州市红领巾示范校”，2015年巩义市委、巩义市人民政府授予“义务教育均衡发展先进学校”。

清西小学

柏漫小学 柏漫小学始建于1949年，新中国成立后，大兴教育之风，初在柏漫村邵家祠堂办学，随形势发展，20世纪50年代中期搬迁入现址，建起柏漫初小。60年代中期，柏漫村办起柏漫完小。60年代末期改为柏漫学校（设初中、小学）。1991年中小学分离至今。2004年3月，柏漫小学新校舍奠基，2006年7月建成。学校以“办人民满意教育”为目标，

柏漫小学

以“文明、严谨、笃志、进取”为校训，以养成教育为切入点，大力推进素质教育，全面提高教育教学质量，先后获得了巩义市“标准化小学”“红领巾示范学校”“合格家长学校”等荣誉称号。

北罗小学 北罗小学始建于新中国成立初期，旧址在孙家祠堂。经过70多年的发展，北罗小学从最初的两间瓦房，到现在的两栋12班规模的教学楼，达到国家规定办学条件二级标准。北罗小学现有10个教学班，在校学生332人，教职工16人。

北罗小学

东庙小学 东庙小学源自清雍正十三年（1735年）仙舟书院，历经清、民国，由书院而为新学，至今已有284年历史。1970年，该校设初中班。1981年，由东庙村筹资将学校迁徙现址。1986年，教育体制改革，中小学一分为二，初中为镇所辖，小学由村主管。1997年3月至1998年8月，投资101万元，新建小学南教学楼，扩建北教学楼，硬化美化校园，并添置了教学设备。

清东小学教学点 清东小学始建于1959年。1998年，清东村在巩义市银河建筑总公司、巩义市国荣合金厂的支持下，投资42万余元，新建1000余平方米的三层教学楼一栋。1978年，清东小学田径队在信阳参加河南省中小学田径运动会，夺得河南省第九名的好成绩。

清东小学教学点

南罗小学教学点 南罗小学位于南罗村中心地带，服务半径1000米，坚持免试就近入学，现有学生201名，班均34人。学校占地面积8466平方米，生均用地面积45平方米。建筑面积1800平方米，生均面积9.7平方米。学校现有教职工13名，本科学历6人，专科学历7人，具有中级以上教师职称6人。

向阳小学教学点 向阳小学始建于1968年，位于镇区中心，服务半径1000米。现有6个教学班，在校学生177人，教职工13名，本科学历7人。学校先后获得“郑州市文明学校”“郑州市标准化小学”“巩义市示范学校”等荣誉称号。

李邵小学教学点 李邵小学始建于1950年，占地面积11亩，建筑面积15121平方米。学校师资力量雄厚，有13名教师，其中高级教师1人，一级教师9人，在校学生220余人。近年来，学校2014年荣获“巩义市文明单位”“巩义市教育教学先进单位”，先后共有8名老师荣获巩义市优秀教师、优秀班主任。

南罗小学教学点

李邵小学教学点

马口小学教学点 马口小学新中国成立之初为回二街小学，后更名回郭镇二小，现名为马口小学。学校占地面积6667平方米，建筑面积2260平方米。

中新幼儿园 中新幼儿园创办于2003年，现有教职工106人，开设25个班级，入园幼儿1000余名。全园占地9000平方米，建筑总面积4500平方米，各功能区域分明。2011年、2013年被河南省民办教育协会评为“办学先进单位”，2012年被郑州市教委评定为郑州市一级幼儿园，2008年、2009年两次被巩义市教体局评为“教育先进单位”。

柏峪幼儿园 柏峪幼儿园创建于2016年，位于回郭镇柏峪村，占地面积8000余平方米，建筑面积3560平方米，师资力量雄厚，教育设备完善。

启蒙幼儿园 启蒙幼儿园建于2013年4月，占地面积6600平方米，建筑面积4200平方米。现有教学楼两栋，标准化教室20间，设备齐全。园内大中型现代化玩具齐全，校园里的天然草坪等自然资源丰富，幼儿园设有多媒体室、图书室、保健室、舞蹈室等，硬件软件均已达标，全面实现了信息化和网络管理。

中新幼儿园

柏峪幼儿园

启蒙幼儿园

回郭镇中心实验幼儿园

回郭镇中心实验幼儿园　回郭镇中心实验幼儿园成立于 2017 年 8 月，占地面积 18000 平方米，其中教学楼面积 10650 平方米，户外活动面积 3400 平方米。被评定为“郑州市语言文字规范化示范学校”“巩义市语言文字规范化示范学校”。

医疗卫生

中华人民共和国成立后，随着医疗水平的提高，回郭镇党委政府 1976 年投资 40 万元建成“回郭镇卫生院”，设有内科、外科、妇产科和中医科，全院可入住病人 150 人。1995 年，新建三层病房楼一栋，增加了大型 CT、核磁共振等先进诊疗设备。2017 年，利用国债资金 500 万元建成三层门诊大楼，新增多套诊疗设备。截至 2019 年，全镇新建、改建了 21 个村级卫生所。

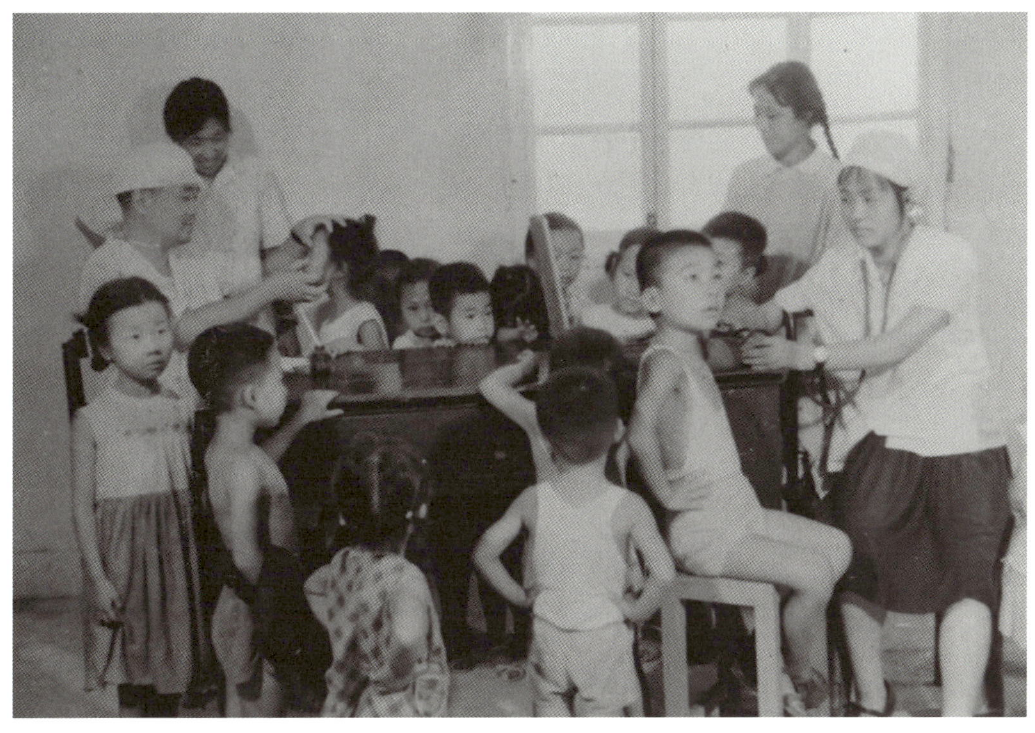

20 世纪 70 年代回郭镇儿童体检

回郭镇卫生院义诊

群众文化

1951 年，回郭镇成立“民众馆”，后改为“文化馆”。1982 年，被文化部评为“先进文化中心”。1987 年，省文化厅授予回郭镇文化馆“河南省先进文化中心”。历年来开展了春节文艺汇演、书画展、妇女模特大赛、文化大院、篮球比赛等活动，深受群众喜爱。1994 年，建成了全省首家镇级有线电视插转台数字化编辑系统，有线电视线路达 400 多千米。

截至 2018 年年底，回郭镇有基层文化站 1 所，文化大院 21 个，图书馆（室）23 个。全镇有各类文体协会 21 个，会员 3000 余人。各村都有剧场、门球场等活动场地，定期举行周末文艺活动。

每年春节期间，镇区举行“灯光秀”活动，正月初七开展全镇文艺汇演，全年举办各类文化活动 200 余场。夏、秋两季每个周四的晚上，在人民公园举办广场文艺晚会。

20 世纪 70—80 年代回郭镇文化馆读报学习活动

20 世纪 70—80 年代回郭镇文化馆创作新春板报

20 世纪 70—80 年代回郭镇文化馆图书室

20 世纪 70—80 年代回郭镇群众文化活动

2018年回郭镇春节灯光秀

2018年春节回郭镇文艺汇演

体育活动

新中国成立后，回郭镇体育事业蓬勃发展，有“篮球之乡”之称。1984 年，在全国组织的农民篮球“丰收杯”大赛中，男、女篮球队分别获省第一名、全国第四名和精神文明奖。

回郭镇门球队在全国、省、市比赛中多次获奖，曾在北京举办的全国门球邀请赛中取得了第一名。全镇门球队有 100 支，队员 1500 余名。1997 年、2001 年，回郭镇两次被国家体育总局授予“全国群众体育先进单位”称号。

回郭镇“杨式太极俱乐部”有会员 1000 余人，2012 年起连续组团参加在郑州举行的“中国・登封国际少林武术节”，多次获得优异成绩。

20 世纪 70 年代回郭镇女子篮球赛

20 世纪 70 年代春节乒乓球比赛

回郭镇 2019 年新春篮球赛

回郭镇新春门球赛

社会保障

社会保障体系逐步健全，2004 年成立农村剩余劳动力转移就业中心，2011 年成立人力资源社会保障服务所。2012 年，回郭镇在镇政府东侧新建便民服务中心，内设民政、社保、城建、卫生计生、签章等多个窗口，提高了服务群众的效率。

回郭镇是巩义市产业集聚区所在地，企业众多，群众就业率较高。截至 2018 年年底，全镇共有农村劳动力 43819 人，其中，未就业 12668 人，多为职业家庭妇女或待业人员；已就业 31151 人，本镇就业 22917 人。2012 年以来，每年完成城镇就业 1200 人。每年结合“巩义市春季就业招聘大会”“国家扶贫日”等主题日活动，组织辖区内企业召开专题招聘会，为广大待业群众提供更多就业岗位。

自巩义市 2008 年开始实施城乡居民基本养老保险以来，回郭镇取得了较为显著的成效。截至 2019 年 9 月，全镇参保人数 56437 人，年缴费人数约 28000 人，达到了应保尽保，基本实现了农村居民参保的全覆盖。

2017 年，新农合与城镇居民医保合并为城乡居民基本医疗保险。回郭镇每年制订奖惩措施，对各村医疗保险费用征缴进行激励。截至 2018 年年底，居民医保征收人数达到 75579 人，基本实现了全镇农村居民应保尽保。

回郭镇重视对困难户、五保家庭的帮扶工作。20 世纪 80 年代，有敬老院 1 所，占地 1000 平方米，入住老人 30 人。2014 年，投资 2000 万元，新建敬老院 1 所，占地 20 亩，建筑面积 6600 平方米，拥有标准床位 200 个，2017 年正式投入使用。

回郭镇敬老院

居民生活

衣 回郭镇由于企业众多，管理规范，各厂都有自己的工装。工人平时外出也穿工装，具有回郭镇特色。随着经济发展，工装也朝着高档化、时装化、安全规范化方向发展。

群众着装方面，1980 年以前，辖区居民衣着冬棉夏单，颜色多为蓝色、黑色和灰色。1980—1995 年，城镇男性多着中山装，少数男性外出穿西服配领带；城镇女性夏季着直筒裤、长裙，春秋季穿秋衣、秋裤，冬季穿棉衣棉裤加外套。

2001—2010 年，青壮年冬装内穿绒衣、绒裤、毛衣、毛裤，外穿西服或休闲装者越来越多，着棉袄、棉裤者越来越少。衣料也由棉布往化纤、毛呢、皮革过渡。2011 年以后，纯棉、高纺棉、棉麻精纺类衣服开始流行。随着服装的变化，男性的鞋也由布鞋过渡到皮鞋、皮凉鞋。女性追求曲线美，多数女性穿一步裙、连衣裙、长筒丝袜、高跟皮鞋。

2001—2018 年，随着居民收入水平的提高，人均购买力也在提高。老大街成为回郭镇的服装一条街，各种各样的名牌服装专卖店、服装超市愈来愈多，衣着也向着品牌化、高档化、时尚化和个性化演变，质地精良、款式新颖的品牌服装受人青睐。

河南三帅制衣有限公司 1998 年设立，先后注册了“杉帅”“鲲尚”等品牌，是巩义市的一家特色制衣企业。

20 世纪 70 年代回郭镇北寺缝纫组

20 世纪 90 年代三帅制衣公司生产车间

回郭镇老照片——柏峪大队面粉厂

食 新中国成立前，小麦产量较低，回郭镇居民以玉米、豆类、高粱为主要食材，平常很少吃白面，白面主要用于招待客人、过年、过节或办喜事用。

新中国成立后，依托良好的工业发展基础和灌溉条件，回郭镇粮食产量逐渐增加，群众生活水平得到了很大改善，20 世纪 60 年代中后期已无粮荒现象。十一届三中全会以后，回郭镇实行家庭联产承包责任制，粮食产量大幅增加，居民人均收入稳步增长，各类餐馆沿街林立，“下馆子”逐渐成为当地居民的习惯。

住 从20世纪80年代开始，农村开始翻建平房、楼房。2000年后，房屋向大跨度、套间、三层转变。2010年后，回郭镇启动“全域城镇化”建设，建成了龙翔花苑、金桂花园、金泰住宅小区等一批社区。同时房地产建设向镇村辐射，回郭镇住宅小区开发建设快速发展。截至目前，有碧桂园·中州府、龙翔锦园、泰和园、裕恒秀园等社区在建。

21世纪初回郭镇民居之一

21世纪初回郭镇民居之二

21 世纪初回郭镇民居之三

行 回郭镇经济发达，交通便利，拥有轿车较早，特别是 20 世纪 90 年代，大企业配有公司班车接送员工。1999 年，镇内私有小车 100 多辆，手机 5000 多部，三分之一农民拥有资产 10 万元以上。2015 年之后，轿车进入普通群众生活，全镇轿车保有量猛增。

回郭镇老照片——运输车队

精神文明创建

改革开放以来，回郭镇积极传承中华民族优秀传统文化，每年设立孝心奖、劳动模范奖、科技创新奖，在年底进行表彰奖励，大力提倡优秀传统道德。各行政村设立劳动模范家庭户、共产党员家庭户。2009 年、2012 年，回郭镇连续两次获得郑州市“文明镇”。

2017 年来，回郭镇按照巩义市创建全国文明城市和“摘星夺旗创三宜”活动的部署，精神文明建设向更高水平迈进。2017 年，回郭镇创成巩义市文明镇（标兵），2019 年创建河南省文明镇。全镇 21 个村有 9 个创成巩义市文明村。通过开展文明创建活动，大力整治人居环境，全镇环境面貌明显改观；大力推进志愿服务活动，全镇共注册志愿者 10500 人，居巩义市第一，组建志愿服务队 45 支，结合“周六志愿服务日”开展志愿服务。21 个村的村规民约完成修订，针对婚丧嫁娶、彩礼、孝道等制定了专项条款，做到形式灵活、褒贬明晰、约束有力。各村全部开展了文明家庭、星级文明户、好媳妇、好婆婆等先进典型评选表彰活动，通过公平公正的推选、大张旗鼓的表彰、敲锣打鼓上门报喜，给予了先进典型崇高的礼遇，群众给予好评，全镇涌现出一批先进道德典范。

回郭镇党员志愿者帮助群众收麦

回郭镇马口村表彰优秀退伍老兵

回郭镇柏漫村对"敬老爱亲"模范"十星级文明户"进行表彰

乡镇建设

功能区布局

回郭镇作为巩义市域副中心城市，按照小城市的标准规划回郭城区，形成“一轴、两心、三区”的空间格局。

“一轴”即G310城镇发展轴。G310的影响在城市形态的拓展中起到了较大的作用，打造回郭东西空间发展轴线，通过该轴线的延伸带动西部工业用地的拓展，同时在沿线布局公共服务和商业商务，构建串联回郭城区各功能片区的发展带。

“两心”指西部围绕镇政府形成的以公共服务、商业为主的综合服务核心，东部以高铁站前枢纽形成以商务区为主的复合型中央商务核心。

“三区”指产业集聚区、综合服务区、高铁商务区。

产业集聚区占地面积约13.3平方千米，主要功能为生产服务、物流仓储，主要分布在G310以北，在回郭城区西部创业大道西部拓展工业用地和物流用地。主导产业以铝板带的初加工为支撑，以铝板带箔的精深加工为重点，积极培育以现状产业为基础的新技术产业，配套发展生活服务、科研、物流等服务业，形成以第二产业为主，二、三产业协调发展的产业体系。

综合服务区占地面积约7平方千米，其主要功能为行政办公、居住、商业商务、城市服务。综合服务区位于回郭镇文昌路与长城路之间，在现有老镇区基础上，加大开发力度，完善基础设施建设，结合居民需求和产业集聚区配套需求，注重公共空间和街头游园的布局，营造良好的环境。用地主要是以居住区和公共设施为主的生活性用地，保留原有的公共设施用地，加以改造扩充，形成回郭城区的商业和文体科技中心；居住用地包括旧区改造和新区建设两大内容，在改造和建设中，应高标准配置公共绿地与各种配套的生活、娱乐及体育活动设施，改善镇区环境质量，加强滨河绿带和公园设施建设，形成绿地与水面有机结合的大型综合性绿地。

高铁商务区占地面积约5平方千米，其主要功能为形象展示、商业金融、城市服务。计划沿高铁引线打通高铁站至伊洛河的景观廊道，将伊洛河景观资源引入城区，发展居住办公、商业金融、生活服务等设施。规划布置教育医疗、市民广场、文化设施和大面积的生活绿地，共同构建文明、现代、高效、活力进取的城镇形象，是城镇最具活力最有朝气

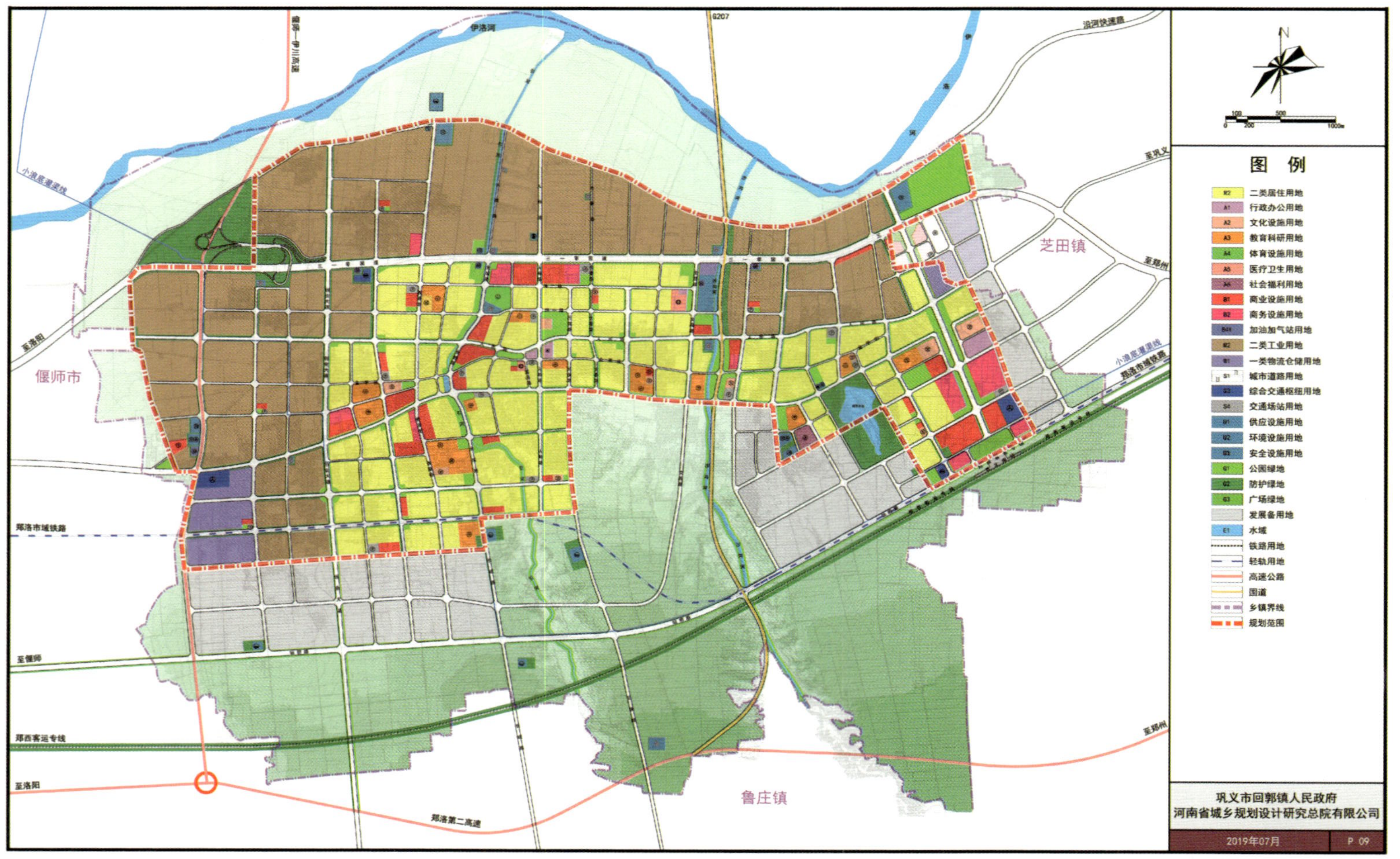

巩义市回郭镇总体规划（2017—2030年）用地规划图

的部分。在该片区大力发展电子商务、现代物流、文化、商务金融等高成长性服务业，使之成为带动服务业发展的主导力量。

道路系统

回郭镇地处郑洛工业走廊的重要节点位置，310国道及207国道连线工程在此交汇，郑州—西安高速铁路纵贯全镇，并设有巩义南站，北隔伊洛河与陇海铁路、连霍高速相望，形成了“两条铁路并肩行，三条公路环其中”交通便捷、运输通畅的区位优势。

郑西高铁巩义南站 郑州—西安高速铁路巩义南站于2008年12月开工兴建，2010年2月6日正式开通运营，是配合郑西高铁新建的一座新型客运站。位于河南省巩义市境内，北通310国道，西临全国乡镇企业的发祥地回郭镇，东临我国最大的净水剂生产基地芝田镇，东北距巩义市中心约15千米，巩义南站中心里程为K642KM+487M，是郑西高铁上1个三等客运站，主要承担着巩义市、偃师市、温县、登封市来往旅客运输任务。

郑西高铁巩义南站

车站站房建筑面积4999平方米，候车厅面积1996.8平方米，售票厅面积207.6平方米，能同时容纳600人同时候车。车站设正线两条、到发线两条，安全线1条、维修线3条，一、二站台各长450米、宽9米、高1.25米，供旅客乘车。公交车停车位、私家车停车位均设在出站口正前方，被绿树和花草包围，生态自然，方便舒适。

310国道 310国道纵贯全镇，东西走向，东起小訾殿村，西经干沟村转入偃师市缑氏镇，长9千米，宽80米，是回郭镇的经济大动脉。

人民路 人民路位于镇政府前，呈东西走向，东起小訾殿村，西止干沟村，长9375米，宽30米。该路贯穿全镇17个村庄，为全镇的主要街道。

人和路 人和路位于镇政府西北，该路呈南北走向，南起东庙村，北止伊洛河大堤，全长2019米，宽40米，该路为巩义市产业集聚区的第一条道路。

文昌路 文昌路位于回郭镇南罗北罗交界地带，该路呈南北走向，南起南罗村，北止鑫泰铝业，全长1740米，宽40米，为310国道及207国道连线工程（县道058线）的一部分。

人民路

人和路

文昌路

郑西高铁巩义南站引线 位于清东村，该路呈南北走向，全长 2000 米，宽 40 米，南起巩义高铁南站，北止 310 国道，为高铁南站通向 310 国道的引线。

长城路 位于回引河（曹河）东，该路呈南北走向，全长 4800 米，宽 30 米，南起回鲁路，北止伊洛河堤。

香港街 香港街是回郭镇拉大镇区框架的“五路”工程之一，位于镇区西部，南北走向，南至人民西路，北至伊洛河堤。

创业大道 创业大道是回郭镇拉大镇区框架的“五路”工程之一，与香港街平行，南北走向。

郑西高铁巩义南站引线

创业大道

城镇建设

2000 年以来，回郭镇按照清华大学规划设计院制定的镇区规划，建成金桂花园住宅小区、回侯路、回鲁路、文昌路建设工程及 310 国道回郭镇段改线工程。

2008 年以来，回郭镇融资近 1 亿元，先后完成人和路、人民路、泵站游园、园区中心广场、敬老院等五路一园一渠一院基础设施工程建设；投资 5 亿元优化全镇的路网，划置了新的行车标志线，配备了信号灯、监控器、路灯等设施，为全镇群众创造了良好的生产生活环境。

公共交通

目前回郭镇共有三条公交线路，分别是：回郭镇干沟转盘至巩义市区，2006 年开通，运营里程 28 千米，运营车辆 30 辆；回郭镇化肥厂桥头至鲁庄赵城，2007 年开通，运营里程 20 千米，运营车辆 17 辆；回郭镇高铁南站至巩义市汽车站，2012 年开通，运营里程 18 千米，运营车辆 2 辆。

管委会

园区中心广场

供 水

回郭镇供水站是镇政府的下属企业，负责全镇的安全供水工作。目前全镇共建有 3 个水厂，并设有分厂，负责全镇的供水，实现了全镇农户 100% 通自来水。

供 电

目前，回郭镇镇区内有供电所两个，110 千伏变电站 5 座。其中 110 千伏企业专用变电站 2 座；110 千伏公用变电站 3 座。110 千伏电源分别来自镇区南部 220 千伏鲁庄区域变电站和偃师 220 千伏区域变电站。

回郭镇老照片——打井队

回郭镇老照片——变电站

回郭镇电管所

供 气

回郭镇的燃料结构现状以管道气、瓶装液化石油气和燃煤为主，管道气气源主要为义马煤气，供工业生产使用。规划区内有部分煤层气工业用户，由巩义市怡诚大有燃气有限公司和昆仑燃气有限公司供应，煤层气来自山西晋城。目前，回郭镇镇区主网已经铺设完成，正在推进天然气进村工程。

排 水

目前，全镇拥有日处理能力 5000 吨的污水处理厂一座，污水管网 22.3 千米，居民生活污水被截流后转运进入污水处理厂，防止污水外溢；工业企业污水经过企业内部无害化处理后，达标排放。

累计投资 310 万元，沿 310 国道南侧铺设污水管道 500 米，将镇西主要排污渠道西河沟污水引入镇污水处理厂；从干沟渠向镇西排水大渠新铺设管网 340 米，解决了干沟渠的污水并网问题；从北罗渠向西河沟新铺设污水管网 1600 米，将北罗渠和东庙渠中的污水引入西河沟，从而实现全镇主要污水渠的并网。

绿 化

回郭镇绿地面积 90.55 万平方米，绿化面积 20.63 万平方米，绿化覆盖率为 32.5%。主要绿化方式为道路绿化、退耕还林、小区绿化、义务植树、全民绿化等方式。

环境卫生

回郭镇有环卫工人 430 名，日均清除垃圾 85 吨，环卫设备有：8 吨转运车 2 辆，湿扫车 1 辆，干扫车 1 辆，小型勾臂车 6 辆，侧装车 3 辆，10 立方米垃圾车 1 辆，5 吨垃圾压缩车 2 辆，小型垃圾箱 1200 个，大垃圾箱 350 个；公共厕所 25 个；垃圾中转站 1 个，日处理垃圾能力为 100 吨。

人民路道路绿化

回郭镇世纪公园绿化之一

回郭镇世纪公园绿化之二

环卫湿扫车

环卫车清扫道路

党建政事

党委

1959 年 4 月 21 日，中共回郭镇首届代表大会召开，参会代表 160 名。1972 年 3 月，召开中共回郭镇第二届代表会议，出席 185 人。1981 年 1 月，召开中共回郭镇第三届代表大会，出席 150 人。2016 年，召开中共回郭镇第十一届代表大会，出席 156 人。

2018 年以来，全镇 21 个行政村完成村两委换届；新组建非公企业党支部 3 个，功能型党支部 9 个，为全镇 122 个“两新”组织配备了党建指导员；脱贫攻坚扎实推进，全镇贫困户实现“清零”；出台村级“月全会”制度，抓好“三会一课”“党员活动日”“党员志愿者服务”等活动。

马口村党员志愿者服务端午慰问

明泰铝业党员先锋岗

回郭镇党群服务中心

政府机构

1983 年 12 月，设立回郭镇人民政府。

1999 年，回郭镇人民政府驻址由卢医庙搬迁至人民路中段。

2008，被河南省人民政府评为河南省第一批产业集聚区的巩义（回郭镇）民营科技园区，更名为巩义市产业集聚区，镇政府与巩义市产业集聚区实行机构套合管理。

人 大

回郭镇第一届人民代表大会于 1956 年 12 月召开，选举产生了回郭镇人民委员会。第二届人民代表大会于 1964 年召开，第三届人民代表大会于 1981 年 5 月召开。

每届代表约 90~130 名，原则上每年至少召开一次会议，闭会期间由人大主席团主持工作，设有镇人大主席。回郭镇人民代表大会在经济社会发展中发挥了重要作用，特别是审议表决通过的经济社会发展五年规划、镇域总体规划、财政预算决算以及其他重大事项，对回郭镇的发展起着至关重要的作用。2019 年 3 月，回郭镇召开了十三届人大三次会议。

群团组织

共青团 1974 年 4 月，回郭镇第一届团代会召开，出席大会代表 260 人。回郭镇共青团设镇团委书记，负责联络全镇青年。党的十九大以来，基层共青团建设实现新局面，镇团委延伸工作触角，在村级建立团支部，深入基层联系广大青年。

妇 联 回郭镇妇女联合会第一届代表大会于 1973 年召开，第二届代表大会于 1979 年召开，第三届代表大会于 1984 年召开。回郭镇妇联负责联络全镇妇女同胞，在全镇经济发展、社会事业中充分发挥“半边天”作用，助推了各项工作。

工 会 回郭镇工会充分发挥辖区企业多、会员多的优势，创新思路，在推动经济发展、保障职工权益方面做了大量工作。

荣誉称号

2006 年 6 月，中国民营科技促进会颁发“河南省（巩义）民营科技园区全国先进科技产业园”。

2006 年 9 月，回郭镇入选全国千强镇。

2008 年 3 月，郑州市产业园区建设工程指挥部颁发“2007 年度产业园区建设工作先进单位”。

2008 年 9 月入选中国乡镇综合实力 500 强、中国乡镇投资潜力 500 强。

2008 年 9 月入选河南省首批省级产业集聚区。

2009 年 1 月，河南省中小企业服务局给巩义市回郭镇铝加工产业集群颁布“河南省重点产业集群”。

2009 年 10 月，河南省统计局、河南省地方经济社会调查队颁发“河南省 2008 年度经济社会发展百强乡镇”。

2010 年 11 月，河南省工业和信息化厅颁发“河南省新型工业化产业示范基地（铝加工）”。

2011 年 1 月，河南省科学技术厅颁发“河南省高新技术特色产业基地”。

2011 年 1 月，全国特色乡镇认定工作委员会颁发“河南省巩义市回郭镇中国铝加工第一镇”荣誉证书。

2012 年 2 月，工信部颁发“国家新型工业化产业示范基地（有色金属·铝精深加工）”。

2015 年 9 月，被河南省委机构编制委员会确定为全省经济发达镇行政管理体制改革试点镇。

2016 年 3 月，河南省人民政府颁发“二星级产业集聚区”。

2016 年 4 月，河南省人民政府颁发“2015 年度河南省先进产业集聚区”。

2017 年 10 月，被河南省爱国卫生运动委员会授予“巩义市回郭镇省级卫生镇”。

2017 年 12 月，河南省工商总局授予“河南省产业集群商标品牌培育基地”。

2017 年入选全国重点镇。

2018 年 4 月，河南省人民政府发布巩义市产业集聚区入选全省产业集聚区综合实力二十强。

2018 年 6 月，被河南省委省政府确定为国家经济发达镇。

2019 年 3 月，被评为国家级新型工业化三星级产业示范基地。

镇域经济

回郭镇经济发达，清乾隆年间，回郭镇为河南府四大名镇之一。民国时期，该镇率先创办公立学校并设立实习工厂，造就了卷烟业的鼎盛发展，香烟制造业声名远播，远销全国各省，享有“小上海”的美誉。

20 世纪 70 年代，回郭镇因为发展社队企业而闻名全国。进入 21 世纪后，该镇以铝精深加工和装备制造（电线电缆）为主导产业，拥有上市企业两家，其中铝精深加工集聚程度高、发展效益好，特色鲜明，是全国最大的铝板带箔加工基地。

LOCAL RECORDS OF HUIGUO

经济总体状况

回郭镇经济发达，清乾隆年间，回郭镇为河南府四大名镇之一。民国时期，该镇率先创办公立学校并设立实习工厂，造就了卷烟业的鼎盛发展，香烟制造业声名远播，远销全国各省，享有“小上海”的美誉。

20 世纪 70 年代，回郭镇因为发展社队企业而闻名全国。进入 21 世纪后，该镇以铝精深加工和装备制造（电线电缆）为主导产业，拥有上市企业两家，其中铝精深加工集聚程度高、发展效益好，特色鲜明。

发展历程

20 世纪初，回郭镇传统工业和手工业得到充分发展，成为远近闻名的瓦盆、霜糖、帛货和土布生产基地。20 年代初期，回郭镇掀起新工业浪潮，纺织工业逐渐兴盛，产品畅销晋、陕、甘诸省。30 年代，回郭镇机制卷烟厂大量涌现，全镇日产 1000 条以上卷烟的厂家达 18 家，卷烟业每日可产 50 万支，年产值达 1700 万元。回郭镇卷烟业的兴盛，直接带动了印刷业的崛起，全镇石印厂总数达 20 家。40 年代，回郭镇烟市发展态势良好，为烟机配件加工维修业提供了巨大市场，铁工厂应运而生，至 1949 年全镇铁工厂总数达 15 家，业务遍及全省各地。

20 世纪 70 年代回郭镇社队企业师徒传、帮、带

20 世纪 70 年代回郭镇社队企业自行研发设备投入生产

20世纪70年代回郭镇变压器厂

20世纪70年代回郭镇柏峪制管厂

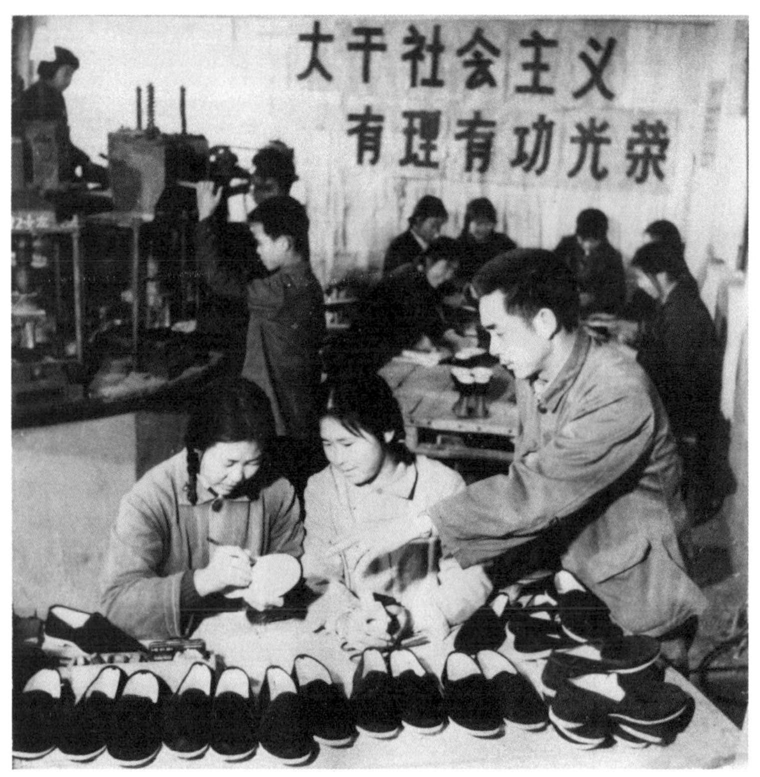

20 世纪 70 年代回郭镇柴沟鞋厂

新中国成立后，1951 年回郭镇兴办全省首个乡镇电厂。1952 年春，回郭镇扩建电厂，新电厂 1954 年 7 月 1 日正式送电，全镇工业得到迅猛发展。70 年代，回郭镇“围绕农业办工业，办好工业促农业”，开启社队企业新模式，为中国农村发展工业进行了积极探索。截至 1976 年年底，社队工业企业由 1970 年的 33 家发展到 83 家，职工人数由 1682 人增加到 4843 人，工业总产值由 910 万元增加到 2060 万元，利润由 280 万元增加到 560 万元，6 年间翻了一番。80 年代，回郭镇现代民营企业大量涌现，逐渐形成了经营销售玻璃纱、棉纱、废塑料、废铝线、废铜等电线电缆原料的专业市场，仅生产电线电缆的个体厂家就有 1000 多个，回郭镇成为全国最有名的电线电缆生产和产品集散地。1984 年，回郭镇工农业总产值在河南省乡镇中第一个突破亿元大关。90 年代，全镇形成了以电线电缆、化纤、精铸、汽车配件四大行业为主的工业发展格局。1992 年工农业总产值突破 10 亿元大关。1993 年成为全国百强乡镇。截至 1999 年年底，全镇非公有制企业达 3267 家，占全镇企业总数的 98.8%，全镇社会总产值达 37.71 亿元，上交国家税收 3120 万元，人均纯收入 3590 元。

20 世纪 90 年代
电线电缆广泛用于农网改造

20 世纪 90 年代回郭镇生产电线电缆广泛用于农网改造

20 世纪 90 年代回郭镇中州化纤厂

进入21世纪，回郭镇依托中原地带铝、电资源丰富的优势，大力发展铝加工企业。全镇共有铝板带箔加工企业21家，年铝加工能力达100万吨，年销售收入达200亿元，成为全国最大的普通铝板带箔生产基地，进入新时代，加速推进产业集聚区建设。

农　业

农业发展

新中国成立初期，耕作粗放，种子繁杂，靠天收粮，20世纪50年代小麦亩产在100~200斤徘徊。60年代兴办电站，水利条件有所改变，提倡科学种田，引进优良品种，单位面积产量大幅度提升，亩产多达六七百斤。70年代，围绕服务农业办起了一批社队企业，生产出了碳铵、氨水等化肥，粮食产量显著提高，公社收入大幅度增加，加大了对农业的资金投入，总额达上千万元。1970年4月，投入资金72万元建起了扬程115米、灌溉面积1.2万亩的东岭电灌站。1974年，又投资147.4万元，先后建起了中岭和西岭两个电灌站，实现了“牵起洛水云间流，播出稻香天外飘”的梦想。各村、各生产队积

20世纪70年代回郭镇农业丰收

极筹资打深井 562 眼，机电站 16 处，平整土地 2 万余亩，使旧日沟壑纵横、高低不平、十年九旱的岭地变成了水平格田，全镇可灌溉面积 4.41 万亩，占耕地面积的 98%。镇里成立拖拉机站，有 26 匹马力以上的拖拉机 46 台，机耕面积达 4.7 万亩。电气化、水利化、全部机耕的实现和种子站的建立，使粮食亩产大大提高。1974 年粮食亩产闯千斤大关，1977 年达 1135 斤。

改革开放以来，回郭镇坚持加强农业基础设施建设，调整种植结构，提高农业效益。90 年代，大力实施节水灌溉和农业机械化，铺设地埋节水管道 3 万多米，拥有大型联合收割机 100 多台，并先后实施了东岭万亩开发项目与西五村 5000 亩粮食自给工程，使农业生产告别手工操作，跃上了新的台阶。2013 年以来，相继完成了中岭万亩农业综合开发、东区井站修复、西区安全水及镇西排水渠修建等工程。

20 世纪 70 年代回郭镇滩地喷灌

回郭镇老照片——回郭镇化肥厂

回郭镇老照片——公社机灌站

伊洛河滩水稻收割

特色农业

进入 21 世纪，为优化产业结构，增加农民收入，镇政府逐步引导农民走高效农业、特色农业之路，初步形成“种植 + 养殖”多元化发展的格局，种植业、养殖业、林果业等特色农业优势凸显。涌现了月季基地、养猪大户、百亩速生林、马口村黑小麦加工等一批农业规模企业。其中，清东月季花圃面积增加近千亩，品种达 180 个，月季等花卉远销德国等欧洲地区和国内各省。目前有家庭农场 17 家，种植专业合作社 36 家，养殖专业户 278 家，生猪养殖户 145 家。生猪存栏 10000 头，年出栏量 20000 头；蛋鸡存栏 50000 只，蛋年产量 216 吨；奶牛存栏量 236 头，羊存栏量 2385 头。农民人均纯收入由 1978 年的不足 100 元增加到 2018 年的 20000 余元，增长了近 200 倍。

工 业

巩义市产业集聚区

巩义市产业集聚区位于回郭镇中心区域，规划总面积 13.3 平方千米，建成面积 10.2 平方千米，是全国最大的铝板带箔加工基地、国家级新型工业化示范基地、河南省首批产业集聚区、河南省优秀产业集聚区和先进产业集聚区。2019 年，巩义市产业集聚区又被评为国家三星级新型工业化产业示范基地，在全省 151 个产业集聚区中排名第 14 位。

全区年铝板带箔加工能力 250 万吨，年产量占河南省的 63% 左右。拥有铝加工企业 58 家，年产量超过 30 万吨的企业 3 家，明泰铝业 2018 年产量达到 77 万吨。主导产品中，交通用中厚板年产量 16 万吨，占国内总产量的 70%，广泛用于舰船、轨道交通、车载罐体等领域；药用箔产量 2 万吨，占国内总产量的 80%；PS 板基和 CTP 板基年产量 14 万吨，占国内总产量的 60%。

拥有热连轧生产线 4 条，占全国在产同类设备的 25%；铸轧生产线 171 条，冷轧生产线 35 条，箔轧生产线 27 条。明泰铝业建有国内第一条具有自主知识产权的“1+4”热连轧生产线及 3300 毫米“1+1”热连轧生产线；万达铝业拥有中国轧制力第二的“1+4”热

巩义市产业集聚区

连轧生产线和国内首条 1850 毫米冷二连轧生产线。明泰铝业从德国西马克引进了 2800 毫米超宽幅冷轧机，代表了铝板带箔装备的世界先进水平。

全区拥有院士工作站 1 个，正在筹建院士工作站 1 个，拥有省级工程技术研发中心 2 家，科技型中小企业 5 家，能够生产 2 系、7 系超硬合金。明泰铝业年产 12.5 万吨的车用铝合金板项目，吨加工费可达 3 万元。万达铝业第三代装甲铝项目，吨加工费可达 14 万元。

产品涵盖电池软包装用铝、电子电容器用铝、轨道交通用铝、铝制汽车零部件、铝建筑装饰材料、铝食品包装材料、全铝家居、印刷用铝基材、铝餐厨用具、空调箔、电子箔、LED 灯具配件等领域，门类丰富、种类齐全。

河南明泰铝业股份有限公司

河南明泰铝业股份有限公司成立于 1997 年，是全国第一家铝加工民营企业，位于河南省巩义市产业集聚区，是全国最大的民营铝板带箔加工上市企业之一，现有职工 5000 余人，总资产 96 亿元。2011 年 9 月 19 日，公司股票在上海证券交易所挂牌上市。 2017 年，实现销售收入 103.6 亿元，出口额 34.8 亿元，纳税额 2.2 亿元。公司先后获得“国家

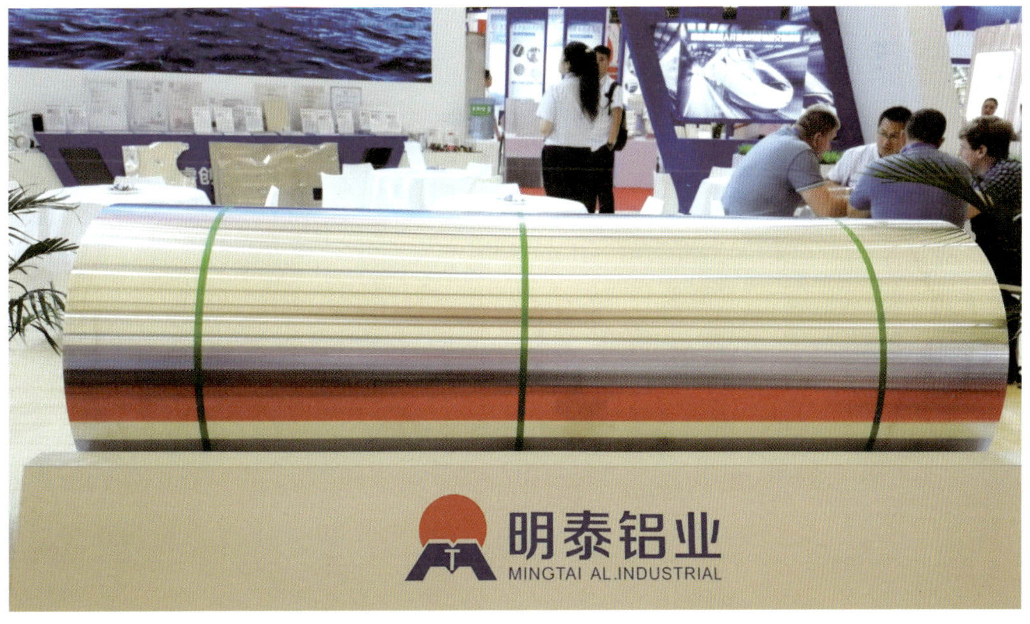

明泰铝业

大型企业”“中国有色金属50强”“中华人民共和国AA类企业”“河南省百强企业”“河南省优秀民营企业”“河南省质量信用AA级工业企业”等称号。

河南万达铝业有限公司

河南万达铝业有限公司成立于2002年7月，公司占地1500亩，职工2600人，总资产60亿。公司连续5年入选中国民营制造业500强，河南民营企业50强。在国内铝板带箔加工民营企业中，首家通过中国船级社工厂认证、挪威船级社工厂认可。公司2400（1+4）热轧生产线、2450冷轧生产线，1850冷二连轧生产线排全国之首；主要产品中厚板、超宽超硬高品质合金板销售量占全国市场份额的30%，易拉罐料占全国市场份额的50%，罐车料占全国市场份额的30%。

河南鑫泰铝业有限公司

河南鑫泰铝业有限公司始建于1999年，位于巩义市产业集聚区，厂区占地面积40万平方米，有员工2000多人。目前为河南省百强企业，连续获得郑州市“经济效益杯金奖”“郑

河南万达铝业有限公司

州市30强企业”荣誉称号。2017年，公司实现总产值45.48亿元，实现销售额45.45亿元，税收为1631万元。公司主要从事铝板加工，铝幕墙、复合板及LED灯具生产，主要产品有铝板带、1系、3系、5系热轧铝板带、预辊涂、花纹板、PS板、合金板、厚箔卷材。年产量30余万吨铝板带，35%远销国外。有4条厚板辊涂生产线，可以生产0.2~4.0毫米预辊涂产品，生产线长度260米为国内首创，填补了国内空白。

河南省新昌铜业有限公司

河南省新昌铜业有限公司位于巩义市产业集聚区，是河南大型民营铜加工企业。公司创办于2001年，占地300余亩，年综合生产能力达到10万余吨，主要生产销售无氧铜杆、低氧铜杆、铜丝等产品，产品主要用于电线电缆企业原料。企业职工人数500多人，其中工程技术人员45人，整体实力位于巩义市30强。2018年销售收入达35亿元，净利润2000多万元，上缴税金1.36亿元。2016年企业主导产品铜杆、铜丝、铜排等产品被列入“河南省重点鼓励使用优质工业产品指导目录”，2017年荣获河南省著名商标称号，2018年获得河南省质量标杆企业荣誉。

河南省新昌铜业有限公司

河南恒通新材料有限公司

河南永通铝业有限公司

河南永通铝业有限公司占地面积12万平方米，总建筑面积6.6万平方米，2007年5月建成投产。现有员工700余人，中高级技术人员80余人，固定资产投资1.6亿元。2007年荣获巩义市经济发展新上项目奖、河南省高新技术特色产业基地，2010年度获环境保护先进企业，2011年被河南省发改委授予“河南之星”最佳企业。2012年进入郑州市百强企业行列。2018年1月入列巩义市30强企业。

河南恒通新材料有限公司

河南恒通新材料有限公司是河南省政府确定的A类重点建设项目，公司一期工程占地面积11万多平方米，总建筑面积7万平方米，2018年6月建成投产。公司现有员工400余人，其中，中、高级技术人员100余人，固定资产投资1.5亿元。公司主要产品为高精铝幕墙板、汽车水箱、精度铝板、铝带、铝箔，各种规格型号100余种，年生产能力20万吨。公司拥有铸轧生产线20条，冷轧生产线1条，飞剪、拉弯矫直、重卷生产线各1条。

河南润鑫新材料股份有限公司

河南润鑫新材料股份有限公司成立于 2014 年 6 月 16 日，2019 年 7 月在全国股转系统挂牌，是一家从事镜面铝板研发、生产和销售的民营企业。2017 年被认定为国家高新技术企业、国家科技型中小企业。公司秉承“创新　引导　发展”的发展理念，设立镜面铝板研发部门。2014 年 10 月，在国内镜面铝高、中、低三种基本全部依靠进口的情况下，公司轧制抛光镜面铝生产线试机成功，成为国内第一批生产镜面铝产品的企业，填补了国内中、低档镜面铝的空白。在镜面铝生产线上拥有 13 项自主专利技术，每年研发投入均超出销售收入的 5% 以上；镜面铝产品在国内市场占有率均达 70% 以上，并远销欧美、东南亚等地。

巩义市产业集聚区电线电缆产业园

回郭镇电线电缆行业起步较早，目前拥有各类电线电缆及配套企业 300 多家，近年来，该镇着力推动电线电缆行业入园进区、规范发展，行业整体层次得到明显提升，拥有产值上亿元的企业 4 家，分别是乐美线缆、迅达线缆、中部线缆和长通塑业。

巩义市产业集聚区电线电缆升级发展园区项目是回郭镇工业转型升级创新发展项目之一，也是省重点项目，建设地点位于巩义市产业集聚区内香港街西、E23 北、创业大道东。总投资 8 亿元，占地 520 亩，分两期建设，其中一期占地 194 亩，二期占地 326 亩。规划建设标准化厂房 67 栋，建筑面积约 28 万平方米，计划安排入驻电线电缆企业 80 余家，可年产电线电缆 240 万千米。产品广泛应用于房地产、家装、煤矿、航空等领域，市场前景良好。项目于 2017 年 5 月正式开工，一期工程于 2018 年 12 月完工，二期工程计划 2020 年 12 月全面竣工。目前，电线电缆产业园一期建成，入驻企业 18 家；二期报名企业在建，有效解决了中小企业的出路问题，实现入园进区、规范经营、抱团发展。

巩义市产业集聚区创客中心

巩义市产业集聚区创客中心紧邻 310 国道回郭镇段，区位优越，交通便捷，建筑面积 6688 平方米，可入驻各类新业态企业 50 余家。目前，8 家公司已入驻办公，其他企业正

创客中心

在陆续办理入驻手续。中心设置产业集聚区综合服务中心，工商、税务、环保、安监、国土、电力等职能部门统一入驻办公，为企业提供“最多跑一次”的集中审批服务；还设置有检测检验中心等设施，实现了企业足不出户即可共享放心、舒心的全方位服务。

商贸服务业

回郭镇的商业发展最早兴盛于清代，约1840—1911年，是洛阳东部最大的物资集散地，商贾云集，人来车往，水陆码头繁忙，被誉为“中原小上海”。

新中国成立后，动员社会群众入股，成立了供销合作社，合作社每年从赢利中拿出3%~5%用来优待社员群众，并帮助一些贫困社员。

改革开放后，回郭镇供销社通过增资扩股，干部职工达到300多人，经营门市30处，有饮食服务、宾馆住宿、百货大楼、烟酒门市、食品加工等，年营业额达到1000多万元，成为当地商业、服务业的经营主体和乡镇经济市场的主导力量。

回郭镇老照片——百货楼前的初七大会

进入20世纪90年代，回郭镇学习考察温州等地经验，建成了向阳商贸城。该商贸城始建于1994年，位于镇区向阳村，紧临310国道，占地面积5万余平方米，总投资1000万元，有固定门市7排13幢，每幢2层。商贸城分为3个区，东区为商业贸易区，主要经营服装、鞋帽、百货、日用品、副食品；南区为农产品交易区，主要经营农产品、牲畜；北区为大棚摊位区，共有11排交易大棚、摊位300个，主要经营布匹、小日用百货、蔬菜、肉蛋禽、水产。该商贸城逢五、逢十是大集日，上市人数超万人，年销售额5000多万元，创利税500万元。

东庙小上海商厦

东庙小上海商厦位于镇区中部东庙村，占地8000平方米，1997年兴建，总投资1200万元。商厦高6层，最顶端设有大钟楼一个，又称为“回郭镇大钟楼”。该商城主要经营项目有家具、电料、饮食、副食品、电工配件，商厦年销售额1000万元，创利税100万元。

西河沟商贸街

西河沟商贸街位于镇区中部，回鲁公路两侧，西河沟排水、排洪大渠上。始建于1998年3月，建筑面积3300平方米，商户67家，主要经营服装、鞋帽、家电、日用百货。年销售额在2000万元以上，创利税200多万元。

文物胜迹

回郭镇地处华夏腹地，历史悠久，文化底蕴丰厚，历代遗留下来的许多文物胜迹成为古镇历史的宝贵见证。其中主要有宋陵·永泰陵、北宋宗室亲王墓群、龙兴寺、小訾殿遗址、启母少姨庙、郭汾阳王庙、清西张氏祠堂、玉晨观等。红色旧址有中共巩县县委成立会议旧址、国营恒升商店旧址等。

LOCAL RECORDS OF HUIGUO

宋陵·永泰陵、北宋宗室亲王墓群

北宋皇陵回郭镇陵区，亦叫八陵陵区，距郑洛公路3千米，在白云山下，是国家级文物保护单位宋陵的重要组成部分。回郭镇境内八陵村西南为宋哲宗赵煦的永泰陵。八陵村南0.5千米处，东西并列3座坟冢，属亲王墓。冢正北回郭镇清东、清中、清西3个村的土地上有不少石人、石羊等石刻。往西9千米是回郭镇的柏峪村及休水东岸的干沟岭上，发现有宗室亲王墓群，出土有许多墓志。

龙兴寺

龙兴寺位于回郭镇李邵村北一里许，据传始建于元代。占地面积4亩，现存大殿3间，前有月台，旁有松柏。龙兴寺现为郑州市文物保护单位。

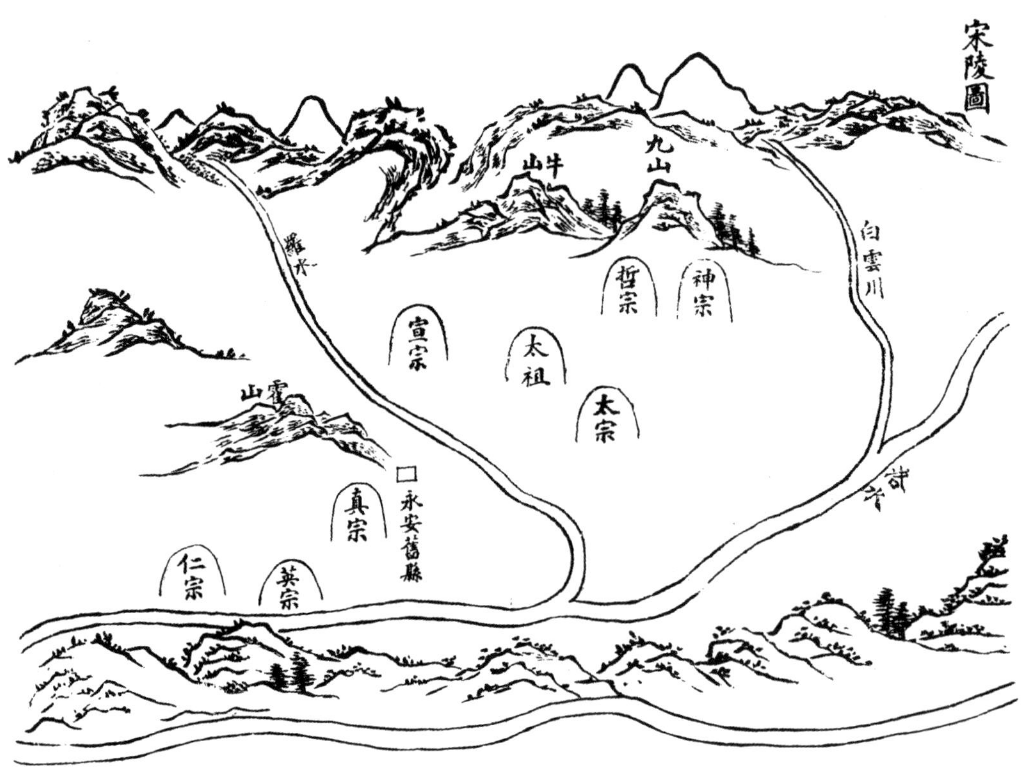

清乾隆《巩县志》宋陵图

永泰陵

小訾殿遗址

相传夏朝曾在此建都，春秋时为訾城，后名小訾殿。现为巩义市文物保护单位。

启母少姨庙

启母少姨庙位于回郭镇西 2 千米柏峪村，相传唐武则天时封夏启之母（夏禹妻）为王英太后，启母妹少姨为金阙夫人，唐开成元年（836 年），巩县人冯彦卿在柏峪村修建启母少姨庙，供后人奉祀。现为巩义市文物保护单位。

郭汾阳王庙

郭汾阳王庙位于回郭镇东约五里许，有一岗，称之为“古柏南岗”，为巩县八景之一。为纪念唐大将汾阳王郭子仪在回郭镇除妖降魔的事迹，乡民立庙祀之。庙大殿前檐下有金代《唐汾阳王庙记》石碑一通，立于金宣宗完颜珣元光二年（1223 年）。现为巩义市文物保护单位。

清西张氏祠堂

清西张氏祠堂位于清西村西南 200 米，属古建筑群，建于清朝末年。现为巩义市文物保护单位。清西张氏祠堂大门的正前方为一雁翅型照壁，照壁两边共有八块小型石刻，内容为传说中的八仙人物，中心处有九十公分见方的和合二仙浮雕，构思巧妙，精美绝伦。石雕中的二仙“寒山”和“拾得”，在“镂空”的树下，一人拿荷花，一人拿盒子，席地而坐，谈笑风生，脸上嬉笑的酒窝都显露了出来。在石雕的左上部位置刻有扇面一块，扇面上用行书字体刻着一首诗，并有书写的时间，从右至左，自上而下：“堪笑世人太碌忙，争名夺利在何方。耻食周粟首阳隐，留得青名万古扬。民国三十四年”。

玉晨观

玉晨观位于李邵村，始建于元朝至治元年（1321年）。原有厢房27间，面积1400平方米，坐北向南，明清石碑20余通。现为巩义市文物保护单位。

干沟砖桥

干沟砖桥位于干沟村，建于清嘉庆十五年（1810年）。砖桥桥洞东西宽3米，南北长7米。从拱形洞顶到地面大约5米。此桥洞是干沟村当年的寨门之一。砖桥桥洞的南北两面均有匾额题字，南面题“初月出云”，北面题“长虹饮涧”。匾额左右均有竖行小字，分别为“大清嘉庆十五年”“乾沟寨建修”。

中共巩县县委成立会议旧址

1939年1月，中共巩县委员会成立会议在巩县回郭镇邵寨民众邵昌国家举行，中共洛阳地委书记陈耳东主持会议。参加会议的徐宝森、赵建宇、张凤庭、周含章、宋清芬等，代表巩县三十多名党员，会议选举王桂五为县委书记，徐宝森为组织委员，赵建宇为统战委员，石耀南为青年委员，张凤庭为武装委员，周含章为宣传委员。中共巩县县委隶属中共洛阳地委。在中共巩县县委的领导下，巩县党的工作、抗日救亡运动有了大的发展。1940年10月，国民党发动了第二次反共高潮，根据中共中央的指示，巩县中共党员先后离开巩县隐蔽，1942年3月，巩县中共地下党组织活动停止。

国营恒升商店旧址

1948年7月，解放军中原野战军九纵和巩县人民民主政府利用回郭镇新华烟厂的厂房成立了国营恒升商店，这是当时豫西地区唯一由共产党领导的一家国营商业企业。恒升商店的任务有两个：一是支援前线物资；二是投放中州币，抵制伪钞的流通。

其经营范围为：布匹、粮食、食油、卷烟、纸张、食盐等。1949 年 5 月，恒升商店改为郑州专署贸易公司，并下设四个分支机构，两个在巩县，另外两个分别在新郑和须水，成为郑州地区的经贸枢纽。随着全国解放战争的推进，贸易公司的作用从服务解放战争、保障军需供给转变为促进流通、服务群众。1949 年 11 月，贸易公司改称为供销社（国营）。

特色文化

在历史的长河中，勤劳务实的回郭镇人民创造了灿烂的文明，也留下了丰富多彩的特色文化。这些文化由人民创造，被人民传承，为人民喜爱，表现形式各异，处处彰显着回郭镇的人文精神、时代风貌，并成为河洛文化的一部分。

戏剧

回郭镇地区的戏曲以豫剧、曲剧为主。20 世纪 50 年代柏峪村的豫剧、刘村的曲剧都闻名全县。1959 年成立人民公社后，全公社抽调各村戏曲优秀演员，成立回郭镇公社文工团，挨村演出，受到群众好评。20 世纪六七十年代回郭镇各村都有剧团，群众自娱自乐，文化生活丰富多彩。

回郭镇原有影剧院 1 座，位于马口村老 310 国道旁，始建于 1947 年，用苇席盖顶，有简易舞台无座凳；1949 年改为木架小瓦房，并增设木凳百条；1963 年重修，房顶用石棉瓦；1965 年改建，面积达 623 平方米，座位增至 1446 个，命名为“人民影剧院”。

回郭镇老照片——豫剧团彩排化妆

回郭镇老照片——公社向阳大队新春大戏

回郭镇老照片——回郭镇电影院制作投影宣传画面

技 艺

面 塑

回郭镇面塑为巩义市非物质文化遗产项目，是用于红白喜事、节庆的一种手工艺花馔。捏面塑用的材料包括面粉、白矾、水、食用颜料、油。在制作工艺上，一是根据面的多少，将适量水烧开，把面粉、白矾末下入开水锅中，顺手不停搅拌，做成烫面即可。二是将烫好的面反复揉搓，使烫面硬软适宜，制作顺手。三是制作，用手将揉搓成的烫面捏成各式各样的形状，如水果、花草、人物、鸟、兽、虫、鱼等，摆入盘内。四是着色，根据捏成的形状，用食用色涂色。五是上油，香油最好，防干裂，起明发亮，存放时间长。制作花样有二十四孝、二龙戏珠、十二生肖、鸡子叫、凤凰听、一对童人来送灯、八仙贺寿和双狮争绣球等。

黑 陶

回郭镇黑陶为巩义市非物质文化遗产项目。回郭镇制陶艺人传承发扬传统技艺，挖土、建窑、制作、烧制出了澄泥砚和陶艺绣球等产品。

老王家旋木术

老王家旋木术为巩义市非物质文化遗产项目。以手工技术操作为主，用手拉动皮弦将木料固定在布制架子内，来回旋转，加工成各种生活用具、装饰品。

碑 刻

清中村明山寨抗日英雄纪念碑

八路军抗日独立支队明山寨战斗胜利纪念碑，位于回郭镇清中村，高 2.5 米。纪念碑碑文六面刻，记述 1944 年 10 月 7 日夜，皮定钧司令率部攻打明山寨的故事。

柏峪观音堂卷棚西壁戒赌碑

柏峪观音堂卷棚西壁戒赌碑位于回郭镇柏峪村观音堂内，立于清朝道光二十三年（1843 年），碑文记述该村民约：“凡堂左堂右官地皆不许开设赌场，如有犯者合村送官究处之。”

刘村禁赌断牧碑

刘村禁赌断牧碑位于回郭镇刘村菜园土地庙内，立于清朝道光八年（1828 年），记述该村民约：“永志合村共议戒赌断牧”“合村共议，永远戒赌。牧者：腊月初一开放，二月初二禁放。违者，骡马罚五百元，牛驴罚二百元，羊罚一百元”，以戒后人。

清中村明山寨抗日英雄纪念碑

民间传说

洛神传说

回郭镇刘村村外，清清伊洛河岸，有个“娘娘庙”，俗称红庙，那就是供奉洛河之神的“洛神庙”。

洛神是个女神，名“宓妃”，她是伏羲的女儿。远古时，回郭镇是个烟波浩渺、山峦叠翠、鱼肥水美、花香遍野、景色宜人的好地方，有嵩山邙岭，有洛、鄩、休、罗四水汇聚，柏谷坞深沟高垒，南岗翠柏成林，是人们采集渔猎的好地方。

相传女娲在此采嵩山五彩石补天，又在神都山（邙山头）抟土为人，直到伏羲氏在洛口高台上画八卦。女娲造的人一批批走向远方，各自谋生，她还一直不停的捏呀捏，只恨

洛水

天下人少。宓妃有天西渡洛水玩耍，见她忙碌劳累，就帮她干活儿，女娲非常喜欢这个漂亮的小姑娘。于是宓妃就天天往返于洛水东西岸，辛勤地帮女娲抟土造人。日子长了，终于有一天渡河不慎，落水而亡。女娲娘娘深感惋惜，遂号令天下，尊奉宓妃为洛水之神。

当时洛水中妖魔水怪甚多，常兴风作浪，祸害百姓，宓妃就联合英雄后羿，日夜奔波，射杀水怪，终于迎来了风平浪静，百姓安居乐业。人们感念宓妃功绩，就建造“洛神宓妃庙”世代供奉。

到了曹魏时期，由于曹植的《洛神赋》，洛神宓妃的传说更加亮丽多彩，倾倒了多少文人雅士，激起了多少文人骚客的痴情，也使人们记住了洛神宓妃的美貌、善良，沁润着普通老百姓的心田。

该传说为河南省非物质文化遗产项目。

火烧秦桧传说

火烧秦桧传说来源于回郭镇北罗村，据说有上百年的历史。相传因秦桧以莫须有的罪名害死了清远军节度使岳飞，人们义愤填膺，用泥巴做成秦桧夫妇，采用崆峒方式，加上柴火、煤等方式来火烧秦桧夫妇，每年正月十五、十六的晚上用这样的方式来讽刺、咒骂秦桧。

传说在烧秦桧时，泥像七窍冒烟，口、眼、耳出火处烤馍可医病，哪里不舒服，就用自家蒸的枣花馍在哪里焙烤，吃了便能医到病除。每年正月十五、十六晚上引来无数男女老少来烤枣花馍，祈求身健体康。

该传说为巩义市非物质文化遗产项目。

驻驾庄村名的由来

回郭镇驻驾庄在晋隋时期已形成了村落，村名在唐代以前叫安乐乡，大唐开元末年发生了“安史之乱”，汾阳王郭子仪奉旨平叛，凯旋回朝路过此地，于该村驻驾，安民除邪，其住处就在村中心的泰山大庙内。郭子仪返京后，村人便将原村名安乐乡改成了驻驾庄，以纪念郭子仪。

该传说为巩义市非物质文化遗产项目。

回郭镇驻驾庄村

风土民情

回郭镇人民生活丰富多彩，在岁月的洗礼中积淀出丰厚的文化底蕴，形成了独具特色的地方美食特产、礼俗文化、方言土语等风土民情。

LOCAL RECORDS OF HUIGUO

美食特产

虎豹肉合

回郭镇虎豹肉合由北寺村刘虎豹于 1941 年创制。外皮酥脆、中间鼓肚的小烧饼夹上卤猪头肉和黄瓜丝、胡萝卜丝等配菜食用，外焦里嫩，香酥可口，经济实惠，好吃不贵，为巩义市“四大名吃”之首。该项目为巩义市非物质文化遗产。

霜糖饼

回郭镇霜糖饼用柿饼外面的一层柿霜做成，一般为直径约 5 厘米的小圆饼，性凉，食、药两用，味道凉甜，能治舌干口烂，是解热消暑的佳品。

霜糖饼做工精细，先用筛子将柿饼外面的一层白霜筛下，经过溶解，熬成稠浆，然后用小铁片按定量勺到模子（陶瓷小碟，现改为塑料纸）上，经过烘烤，晾干即成。上等霜糖呈棕黄色，每斤 60 片，片中心稍凸，无任何杂质，手拍即碎。该项目为巩义市非物质文化遗产。

柏峪排骨

回郭镇柏峪村柏峪排骨，系采用优质调料及 20 多种中药配方，慢炖精品猪排而成。色泽酱红，肉质鲜嫩，肥而不腻，入口即化，口感独特，在当地极负盛名。

苟碰烧鸡

巩义站街人李苟碰，民国时期在回郭镇开设烧鸡门店，其手艺流传至今。苟碰烧鸡选料精良、工艺考究，颜色焦黄、外皮酥脆、内里鲜嫩、色香味俱佳，招徕八方食客，成为当地美食品牌之一。

回郭镇大白菜

回郭镇大白菜生产历史悠久，种植面积大、产量高、品质好。从选种、育苗，到整地、施肥，再到移栽、管理，培育出来的白菜株型紧凑、晶莹如玉，美味甘甜，深受人们喜爱，畅销全国。

除此之外，当地还有李家羊肉、刘家狗肉、刘家烧饼等各式各样的美食美味。

生活习俗

婚 嫁

小礼：有儿女长大成人了，请媒人给说个媳妇或找婆家。媒人往往先到女方家提亲，经过反复商量、算命、合八字、打听门第、相媳妇索要彩礼，双方同意了先行小礼，互换龙凤启（启上包括女属相、年龄、籍贯三代，媒妁以及“地久天长、白头偕老”等祝语）。

送好：娶亲前，男方预先让人选个结婚的好日子，写个帖子送到女方家，叫送好。

大礼：结婚前将女方所要求的财物等聘礼送至女方家中。

结婚：又称“过好”。在相爱真诚、条件成熟的基础上，男女双方达到法定年龄后，到民政部门领取结婚证，通知男女双方亲朋好友、街坊邻居参加婚礼，按“送好”定下的时间举行婚礼。

拜天地：婚礼中的最高形式，也是新郎新娘完婚的证明。由司仪主持，一拜天地，二拜高堂，夫妻对拜后互戴结婚戒指，再一一礼拜其他长辈后结束。

闹洞房：婚礼当天晚上，小叔小姑子闹洞房至深夜，送新郎入洞房，大事方就。

翻箱：结婚当晚，邻里姑嫂到婚房翻箱倒柜，多为看新娘嫁妆。

回门：结婚三天后，新娘出嫁后第一次回娘家探亲。新婚夫妇携礼品一同前往女方家拜见父母家人。

礼 俗

婚礼：青年男女结婚之日，亲朋赠送礼品，予以祝贺。有送布、被单、被面、毯子、茶具、灯具、现金等，谓之婚礼。

做寿：每遇年老人诞辰之日，亲友携礼品前往祝贺。一般多是出嫁女儿回娘家为其父母做寿。

满月：每逢婴儿出生满一月，亲友以鸡蛋、豆腐、花布、银首饰、长寿牌等赠送以庆婴儿满月之喜。

乔迁礼：遇到搬家，亲友送上日常用家具，如锅、碗、盆、瓮等贺乔迁之喜。

岁时节俗

春节：俗称过年。每年农历正月初一，是古代流传的传统节日，相传伏羲画八卦定四时以寅月为首（即今之春节），要烧香拜祖宗，互相拜年，男女老少着新衣，戴新帽，吃好饭，给老人拜年要压岁钱。

元宵节：也称灯节。农历正月十五晚，家家点灯户户结彩，小孩每人提一灯笼到门外玩耍。正月十六改善生活，这是灯节的最后一天。

正月十九：老天爷上天之日。这一天，家家户户烧纸供奉老天爷上天。

回郭镇老照片——热闹的新春佳节

回郭镇老照片——新春高跷队

龙抬头：农历二月二日，因天气温暖，万物复苏，所以称龙抬头。这天家家户户炒豆子，谓之“崩蝎子肚儿”。

端午节：又称端阳节。农历五月初五日，有端午节吃粽子、门上插艾蒿的习俗。

七月七：农历七月七日，传说这天在天河上有喜鹊搭桥使牛郎织女相会，在葡萄架下可听到牛郎织女说话。妇女们会在院子里陈设瓜果祈祷，乞求帮助提高刺绣技术，成为“乞巧”。

中秋节：又称八月节。农历八月十五日，当地有吃饺子、吃月饼的习俗。邻里亲朋互送礼品，庆祝丰收团圆。此时正值秋收大忙，皎洁月光普照大地，全家老少围桌共餐，象征一年勤劳丰收，吃团圆饭。当晚，家家在园中放置桌子，摆上瓜果月饼祭月。

腊八：农历腊月初八日，这天早上吃米粥，称“腊八粥”。因已经进入腊月，离春节已屈指可数，故有“吃罢腊八饭，就把年货办”的谚语。

祭灶：农历腊月二十三日，又称小年。每到这天晚上，各家各户都拿麦芽糖（又叫祭灶糖）祭灶，还把贴在灶前的灶王爷画像取下来，用火焚烧，谓之“送灶”。

1984 年回郭镇元宵节灯展

回郭镇老照片——闹元宵

双龙闹春

回郭镇柴沟村“粽香情浓　共度端午”

除夕: 农历腊月的最后一天。人们忙碌了一年，到这一天就要把过新年的一切准备停当，“一夜连双节，五更分两年”，到处放鞭炮、烧香祭神，贴春联、年画。半夜十二点钟还要接神过年、除旧迎新，迎接新的一年。还有的阖家老小不睡觉，通宵达旦谓之“熬年”。

庙会集场

初七大会　每年农历正月初七，全镇组织举办盛大的庆祝活动，祈盼风调雨顺、万事如意。各商铺在这一天开门营业，迎接红火生意。人们用放鞭炮、舞龙舞狮、骑毛驴、擂大鼓等丰富多彩的形式，表达对新一年美好生活的向往。

赶　集　每月阳历逢五、逢十的日子，各商铺开门营业，小商小贩都汇集在镇区中心市场叫卖，形成规模较大的集市。

古　会　古会是全镇各村每年按农历固定的1~4个不同日期举办的集会，集中贩卖商品。这天，商贩沿村内主干道两侧摆摊叫卖，村民购买商品，又称“赶会”。各村对每年的头一次集会都非常重视，一般会请专门的戏班唱大戏，持续到村集会结束。

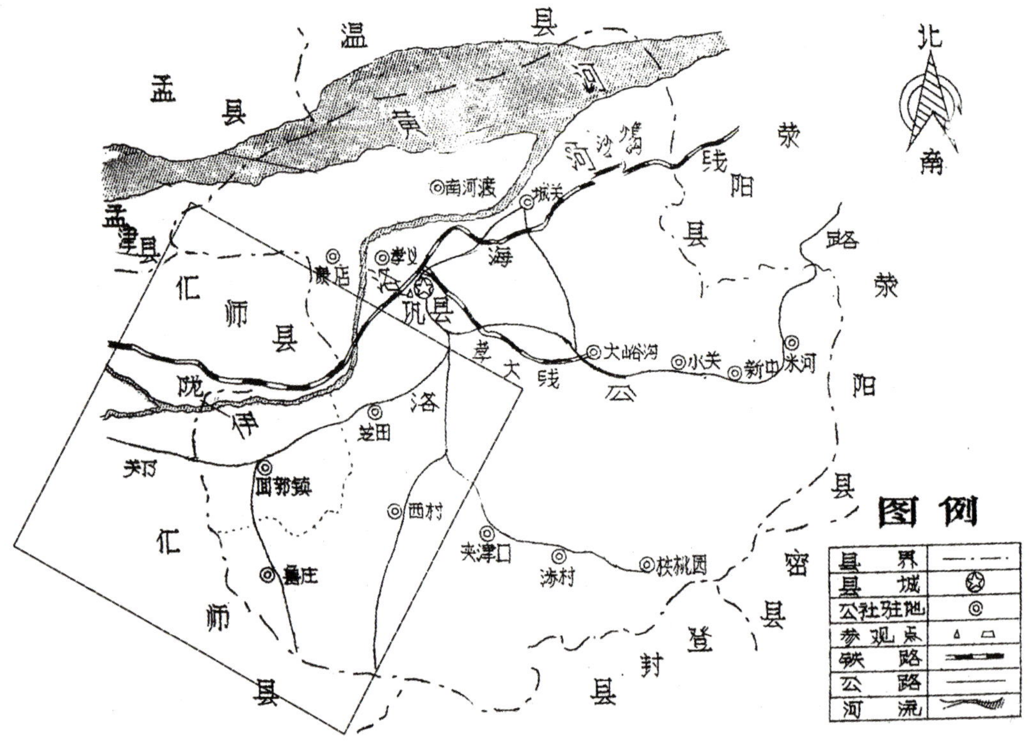

1985年《回郭镇志》集市覆盖图

正月初七回郭镇新春文艺汇演

祝全村父老身体健康事事顺心
董事长刘成铭祝大家事业有成
宪根总经理祝古会圆满成功
中心王兴中祝愿大家四季发财
村父老乡亲工作顺利事事顺心
公司董事长刘现立祝古会圆满
共产党员刘存良先生身体健
限公司王程文祝父老乡亲事事顺心
奋进回郭

回郭镇刘村古会

各村会场次数及时间安排表

村别	时间（农历）
小訾殿	正月二十五、三月二十三、六月六
清东	二月十六
清中	正月初十
清西	腊月十八
柏漫	六月十四、九月二十六、腊月初一
南罗	三月初二、腊月初九、腊月十六
北罗	冬至、二月二十、三月十三、五月二十三
东庙	二月初十
马口	九月二十三
李沟	十月初六
卢医庙	正月初七
北寺	正月初七、正月十九、七月初三
向阳	元旦
驻驾庄	正月十六、五月初五
前庄	九月二十八
杨庄	二月十三
李邵	正月初七、六月二十三
刘村	四月初十、九月二十三
柏峪	二月初三、二月二十三、四月十八、十月初八
柴沟	二月初八
干沟	二月二十五、七月二十五、十月二十五

方言土语

方　言

治：指做什么事都很行，什么都会。例：那孩子学习可治哩。

掰活：教导，教育，指导。例：让老师好好掰活掰活你。

一猛：突然，猛然。例：我一猛想起来了。

灶火：厨房。例：灶火水开了没？

俺：多指“我们”。例：俺家有五口人。

搁不住：不值得，犯不上。例：你为这点儿事搁不住跟他吵。

吭气：说话，口头交代某件事。例：你把书拿走了也不吭气一声。

摆置：形容物时意为收拾，整理；形容人时意思是为难、教训某人。例：“把你屋里东西摆置好。”“他这不是明显摆置人哩。”

硌料：性格古怪、脾气倔强，让人捉摸不透。例：哎！你还不知道他那硌料脾气？我可不敢说他。

歇后语

捧着金碗要饭吃——何必求人

肉包子打狗——有去无回

兔子尾巴——不长

嘴上抹石灰——白说

老鼠给猫捋胡子——破死巴结

秋后的蚂蚱——蹦跳不了几天了

媳妇回娘家——熟门熟路

老母鸡串药店——自找苦吃

公鸡下蛋——没那回事

哑巴进庙——多磕头少说话

百年老树，五月芭蕉——粗枝大叶

谚　语

天黄有雨，人黄有病。

八月十五云遮月，正月十六雪打灯。

青蛙叫，雨来到，蜻蜓低飞，河水漫堤。

早上立了夏，下午把扇拿。

春打一百（天），拿镰割麦。

参星不落地不冻，家中有籽只管种。

家有千口，主事一人。

吃不穷穿不穷，打算（计划）不到一世穷。

不施清风，难得细雨。

不种百亩地，难打百石粮。

不怕虎有三个口，就怕人有两条心。

争者不足，让者有余。

美不美泉中水，亲不亲故乡人。

穷居大街无人问，富住深山有远亲。

生意好做，伙计难搁。

艺文

回郭镇历史悠久，文化厚重，在散落于历史长河中的古篇名著、文章诗句中，处处可寻得回郭镇的身影。

LOCAL RECORDS OF HUIGUO

洛神赋并序

[三国]曹植

黄初三年，余朝京师，还济洛川。古人有言，斯水之神，名曰宓妃。感宋玉对楚王神女之事，遂作斯赋。其辞曰：

余从京域，言归东藩。背伊阙，越轘辕，经通谷，陵景山。日既西倾，车殆马烦。尔乃税驾乎蘅皋，秣驷乎芝田，容与乎阳林，流眄乎洛川。于是精移神骇，忽焉思散。俯则未察，仰以殊观。睹一丽人，于岩之畔。乃援御者而告之曰："尔有觌于彼者乎？彼何人斯，若此之艳也！"御者对曰："臣闻河洛之神，名曰宓妃，然则君王之所见也，无乃是乎？其状若何？臣愿闻之。"

余告之曰：其形也，翩若惊鸿，婉若游龙。荣曜秋菊，华茂春松。仿佛兮若轻云之蔽月，飘飖兮若流风之回雪。远而望之，皎若太阳升朝霞；迫而察之，灼若芙蕖出渌波。秾纤得衷，修短合度。肩若削成，腰如约素。延颈秀项，皓质呈露。芳泽无加，铅华弗御。云髻峨峨，修眉联娟。丹唇外朗，皓齿内鲜。明眸善睐，靥辅承权。瑰姿艳逸，仪静体闲。柔情绰态，媚于语言。奇服旷世，骨像应图。披罗衣之璀粲兮，珥瑶碧之华琚。戴金翠之首饰，缀明珠以耀躯。践远游之文履，曳雾绡之轻裾。微幽兰之芳蔼兮，步踟蹰于山隅。

于是忽焉纵体，以遨以嬉。左倚采旄，右荫桂旗。攘皓腕于神浒兮，采湍濑之玄芝。余情悦其淑美兮，心振荡而不怡。无良媒以接欢兮，托微波而通辞。愿诚素之先达兮，解玉佩以要之。嗟佳人之信修兮，羌习礼而明诗。抗琼珶以和予兮，指潜渊而为期。执眷眷之款实兮，惧斯灵之我欺。感交甫之弃言兮，怅犹豫而狐疑。收和颜而静志兮，申礼防以自持。

于是洛灵感焉，徙倚彷徨。神光离合，乍阴乍阳。竦轻躯以鹤立，若将飞而未翔。践椒涂之郁烈，步蘅薄而流芳。超长吟以永慕兮，声哀厉而弥长。

尔乃众灵杂遝，命俦啸侣。或戏清流，或翔神渚，或采明珠，或拾翠羽。从南湘之二妃，携汉滨之游女。叹匏瓜之无匹兮，咏牵牛之独处。扬轻袿之猗靡兮，翳修袖以延伫。体迅飞凫，飘忽若神。凌波微步，罗袜生尘。动无常则，若危若安；进止难期，若往若还。转眄流精，光润玉颜。含辞未吐，气若幽兰。华容婀娜，令我忘餐。

于是屏翳收风，川后静波。冯夷鸣鼓，女娲清歌。腾文鱼以警乘，鸣玉鸾以偕逝。六龙俨其齐首，载云车之容裔。鲸鲵踊而夹毂，水禽翔而为卫。于是越北沚，过南冈，纡素领，回清阳。动朱唇以徐言，陈交接之大纲。恨人神之道殊兮，怨盛年之莫当。抗罗袂以掩涕兮，泪流襟之浪浪。悼良会之永绝兮，哀一逝而异乡。无微情以效爱兮，献江南之明珰。虽潜处于太阴，长寄心于君王。忽不悟其所舍，怅神宵而蔽光。

于是背下陵高，足往神留。遗情想像，顾望怀愁。冀灵体之复形，御轻舟而上溯。浮长川而忘反，思绵绵而增慕。夜耿耿而不寐，沾繁霜而至曙。命仆夫而就驾，吾将归乎东路。揽騑辔以抗策，怅盘桓而不能去。

过汾阳王祠

[明]赵迎

流芳千载郭汾阳，心秉精忠佐大唐。
功懋朔方灭寇虏，迹留河洛见祠堂。
荒山定指风妖洞，古柏森行拂汉苍。
瞻拜遗容钦俨雅，愧无椒酒献壶觞。

巩县八景

[清]孙汝工

宋陵烟雨

八陵相对枕嵩阳，寒雨疏烟晚更伤。
今日郊原惟草碧，当年点检忽衣黄。
莺飞石匣光初暗，蝉咽松门影自凉。
极目兴亡何处诉，赵封山下且彷徨。

南冈古柏

参差古柏自谁分，挺挺南冈不与群。
新叶流膏堪辟谷，坚柯如剑可清氛。
蛰龙幽翳初经雨，古鹤回翔半拂云。
漫道后凋传本色，犹同汉代号将军。

清乾隆《巩县志》宋陵烟雨

清乾隆《巩县志》南冈古柏

名人与名镇

在回郭镇的历史长河中，既有流星般的匆匆过客，也有长驻后人心中的功勋人物。他们或发展教育，开启民智；或兴办实业，产业救国；或担任要职，服务群众；或发展经济，福泽桑梓；或为国尽忠，赴汤蹈火……他们作为回郭镇的开拓者、建设者、亲历者，被永远载入这座中原名镇的史册里。

古代人物

王惟一（1403—1489年） 回郭镇驻驾庄人。明成化甲辰岁（1484年）贡生。任湖广辰州府推官。才具优裕，政无苛刻。在任九年，因老致仕归田。

赵作人（1664—1746年） 回郭镇人。清康熙戊子岁（1708年）贡生。以孝友闻，嗜学如嗜炙，为文古奥。

孙汝工（1686—1758年） 回郭镇罗庄人。清康熙甲午岁（1714年）贡生。少年英才，以孝著称。

王修身（1688—1764年） 回郭镇驻驾庄人。清康熙丁酉岁（1717年）贡生。任河北武安县教谕。事亲至孝，委曲尽致。一日不在侧，亲即不怡。奉兄尤谨，饮食出入无先。性情慈善，邻里婚丧不给者，量力助之。施义地一区，以供贫无葬者。

孙文沼（1751—1820年） 回郭镇罗庄人。清乾隆己亥（1779年）科举人。朴诚孝友，务践所学，性情方严，取与不苟。著有《青黎遗稿》一卷。

刘瑞律（1769—1851年） 回郭镇刘村人。清嘉庆戊午岁（1798年）贡生。孝友为善，虽家中资，遇人有急，从不吝啬。乐于助贫助学，学以务实，为亲重孝。

赵廷瑛（1786—1862年） 回郭镇刘村菜园人。清嘉庆庚午（1810年）科举人。任河南西平县教谕，课士优佳，手为批删。风声所播，一时称盛。

李梦蛟（1798—1882年） 回郭镇李邵前陇街人。清道光癸卯岁（1843年）贡生。外朴内慧，极具风骨。师事孝廉，诗文俱佳。

现代名人

李显白 字丕卿，回郭镇东庙村人，清同治七年（1868年）生，幼时读书用功，乡试为生员。由于政府政治腐败，软弱无能，民不聊生。青年时期的李显白立志革新，主张实业救国。光绪二十九年（1903年），与巩县维新派名流王敬芳、刘连青等人在巩县改良教育创办新学。光绪三十三年（1907年），李显白本着“实业救国”的精神在回郭镇东大庙（现卫

现代名人——李显白

生院所在地）创办了巩县公立速成工业学堂兼实习工厂，这是巩县最早的工业学校。民国元年（1912 年），李显白被旧派仇敌诱至伊洛河河滩杀害，时年四十三岁。

张仲鲁 原名广舆，回郭镇干沟村人，光绪乙未年（1895 年）九月出生。曾就读于清华大学，1917 年进入美国密苏里大学矿院学习，1922 年进入哥伦比亚大学商学院。1925 年 7 月回国。

回国后担任福中矿务大学校长，同年参加国民党。曾任河南大学教务长、校长，清华大学秘书长，焦作工学院院长，中央大学教授兼总务长。1934 年调任河南省府委员。后曾任中央大学教授兼总务长，河南省建设厅厅长，河南省经济部参事，长沙农业机械公司经理。1949 年在武汉被推选为中南区代表，参加了第一届政治协商会议。后曾任中国燃料工业部计划司副司长，国家煤矿管理局总局副局长。1950 年被选为河南省人民政府委员，后任河南省工业厅厅长。

章奋 原名张俊良，回郭镇清东村人，1916 年 5 月生。学生时代曾求学于洛阳职业中学、西北农学院。在此期间，接受党的教育，1937 年投奔革命圣地延安，就学于陕北公学。1938 年入党，历任连指导员、空军部队团政治委员，1964 年转业到中华人民共和国林业部，任政治部、组织部处长，1965 年 7 月在北京病逝。

现代名人——张仲鲁

革命烈士

王然修（1915—1948 年） 回郭镇驻驾庄人。早年求学期间接受进步思想，立志报效祖国。1937 年，日本发动全面侵华战争，激发了王然修的爱国热情。1938 年 8 月中秋节前的一个夜晚，留下父母和婚后一年多的妻子及襁褓中的娇儿，不辞而别，毅然和同志奔赴革命圣地延安，进入八路军抗日军政大学。毕业前秘密往家中捎信一封，其中言语豪壮，读来感人落泪。“父母大人好：恕孩儿不孝，不辞而别。来这求学将要结束，可能会去石家庄或北平和日本侵略者作斗争。为人子、夫、父者，我很想家，可是，父亲大人您也知道，忠孝不能两全，莫怪孩儿移孝作忠。古言道：皮之不存，毛将焉附。覆巢之下，安有完卵，抗日大业高于一切。等赶走了日本鬼子，我再回家孝敬双亲。”1948 年 3 月王然修牺牲在黑龙江的一次战役中，年仅 33 岁。中华人民共和国成立后，被民政部授予“革命烈士”荣誉称号。

王怀卿（1945—1978 年） 回郭镇柏峪村人。1964 年考入重庆工程兵通讯学院，在校期间学习成绩优秀，1965 年加入中国共产党。毕业后在西藏阿里军分区服兵役。1978 年在执行任务中，被泥石土方砸压，抢救无效而壮烈牺牲。后被追认为革命烈士。

刘成乾（1953—1978 年） 回郭镇卢医庙村人。在校学习期间，成绩优秀。1977 年 1 月参加中国人民解放军。在学习雷锋和各项军事技术训练中，多次受到营连嘉奖，被评为投弹标兵，曾两次被评为学雷锋积极分子和硬骨头战士。1978 年上半年带领该班被评为两学运动标兵班，被誉为好班长。同年六月在驻地附近帮助民兵搞军事训练，一次投掷实弹训练时，一个女民兵把拉了导火线的手榴弹丢在眼前不到一米的地方，眼看就要爆炸，在千钧一发之际，他纵身冲出，奋力将手榴弹拨出六米多远。用身体掩护着女民兵，手榴弹爆炸了，两个人都安然无恙。广大干群誉他为“王杰”式的英雄战士，立了三等功。加入了中国共产党，十月又光荣地出席了共青团第十次全国代表大会。

1979 年初，对越自卫反击战打响了，刘成乾带领的一排，身先士卒冲在最前边，向四二一高地猛冲，此时一阵炮火袭来，排长刘成乾不幸中弹牺牲。全连指战员高呼着为一排长报仇的口号，连续拿下三个敌人占领的山头。刘成乾牺牲后，遗体安放在广西宁明县涛浪公社烈士陵园。1979 年 3 月《人民日报》《解放军报》《中国青年报》《河南日报》等多家媒体都报道了他的事迹。他被誉为“新一代最可靠的人”“人民忠诚的儿子”，被授予“二等功臣”奖章。

印象回郭

LOCAL RECORDS OF HUIGUO

陈天然 20 世纪 70 年代回郭镇写生作品

陈天然　回郭镇写生之一

陈天然　回郭镇写生之二

陈天然　回郭镇写生之三

陈天然　回郭镇写生之四

陈天然　回郭镇写生之五

陈天然　回郭镇写生之六

陈天然 回郭镇写生之七

陈天然　回郭镇写生之八

陈天然　回郭镇写生之九

陈天然　回郭镇写生之十

陈天然 回郭镇写生之十一

陈天然　回郭镇写生之十二

陈天然　回郭镇写生之十三

陈天然　回郭镇写生之十四

陈天然　回郭镇写生之十五

陈天然　回郭镇写生之十六

陈天然 回郭镇写生之十七

陈天然　回郭镇写生之十八

陈天然　回郭镇写生之十九

陈天然　回郭镇写生之二十

陈天然　回郭镇写生之二十一

徐小龙绘《河洛风情画卷·百业卷》

河洛風情畫卷

百業卷

在河洛地區以農畊為主
的漫長歲月裡也有許多
其它行業根據需要相應
而生如屠宰業飲食業農
副產品加工編織業等等
更有一些閑散社會人員
憑個人一技之長推車擔
擔走邨串鄉養家謀生無
論做瓦盆瓦瓷咕嗜鍋定
稱吹糖人玩猴賣賣藥治
病或憑一種新穎的形式
或憑一套精湛的技藝為
農業社會點綴着亮麗景
觀增加着歡愉氣象手工
百業的繁榮是社會進步
的象徵百業卷便展示了
這方面的內容

鐵匠
打鐵時一錘
下去火花
横飛左右
容易受到
鐵屑的傷
害故「不
和鐵匠隔
墻」的俗語
打鐵守着
火爐倍受
匠正是
在這樣
的條件
下打造
一件又
一件生
產工俱
其職業
精神令
人敬
佩

木匠
師傅們通過鋸、鉋、斫、鑿、刻、
雕等工藝手段把原木變為
各式各樣的傢俱、農具,為河
洛地區的人民生活和農業
生產帶來了便利。
木匠在審視材料
時習慣睜一隻眼
閉一隻眼,故有
「獨眼木匠」
的戲語,
贊揚
木匠
的眼力。

泥水匠

油漆匠
做成的新傢俱要經過油匠師傅的再裝飾畫花描鳳塗色刷漆不僅使傢什更加美觀而且經久耐用

有石匠均可為者
使用其才技術含量較高不是所
經石匠師傅加工修整方好繼續
標志碾呼磨呼用上年二半載必須
揹着鍛磨錘」鍛磨錘乃石匠之
「您問我是誰石匠
石匠

陶器的生
產和使用
古已有之
河洛地區
曾多次發
現漢代陶
罐近代的
陶器生產
仍沿習傳
統生產
工藝其
種類大致
分盆罐
瓮缸碗
之屬大
小形成套
原有造型
厚重樸實
者有雕刻
工細裝飾
美觀者有
表面磨光
者供人們選
用此工藝現
時已銷聲匿
迹怎不教人
大喊可惜

師傅將活
好的泥塊用
力甩進
磚斗裏
使其密
集模具
而後由
徒弟送
到磚場
裏晾曬
使其乾
燥熟練
者倒的
磚坯橫
有列豎
有行整
齊有序
待稍乾
燥成坯
墻垛透
以後裝
進磚窯
裏鍛燒
成為河
洛地區
特有的
建築材
料—
青磚
修房
蓋屋大
有用途

瓦盆販子將
盆罐送到村
子裏瓦瓮一
般用於存
放麵粉
瓦缸一般
為盛水
的器皿
討價
還價
之後
成交
或付
現錢
或餅
糧食
易換
挑選瓦盆只須輕
敲陶件聽聽聲音
鍛燒質量好者聲
如銅鐘清脆響
亮反之則成色
不佳

河洛農家
喜歡養鷄
小鷄可以把
散落的米
粒撿起來
成鷄下蛋
營養豐
富
逢年
過節
炒盤
鷄蛋
一道
美味
老人
小孩
煮個
荷包
蛋以
饱口
福
客來了可咋着
殺隻鷄炸油
饃不吃不吃
兩半個可見
鷄的用途之
廣所以賣
鷄娃者倍
受歡迎

得很哪
了眼鏡
教人看
親訪友
中出走
提在手
雅觀
子十分
柳樹條
綠色的
配上翠
小煮包
焦黃的
為串狀
包子穿
柳條把
包子用
你買了
式
賣買形
當時的
點出了
一句戲言
「賣包子哩」
婆」
「穿柳個
習慣「穿鐵個老
歇後語總結了賣包子者的
「賣包子敲鍋沿—熟了」這句

油茶又名糊塗
茶它用的麵料
餅油炒過裏面放
上杏仁花生仁核
桃仁及黃豆綠豆
之類油茶喝起
來不僅香濃可
口且具營養價值
經濟實惠趕集上
店來一碗飽口福飽肚皮
即是沒有胃口瞧那究竟一眼賣茶
郎麻利的動作也是一種享受

賣油郎有兩件頗具特色的用具「賣油扁担兩頭翹」為其一賣油梆子為其二油梆子敲起來用於招攬顧客「先敲梆子不賣油」這句俗語乃借賣油郎的職業習慣諷刺那些淨說漂亮話不辦實事的人
河洛地區盛產棉花食油大多為棉籽油聽到梆子響舒生棉籽換油吃根據棉籽的飽滿程度換同等價值的油料油料的兌付不用稱則用固定的容器「提子」兌現提子有半兩一兩半斤之分用起來方便的很哩

豆腐 挑子别具特色。
用兩根彎曲的竹片連
接下部的木板而成。
簡易方便、
實用。
「推小車
賣豆
腐」
架子不
小」這句
歇後語用於
諷刺那些不講
實效專使花
架子的人物。
「小葱拌豆
腐」一清
二白」道出了
豆腐的特色。
嫩白者為上、
發黃者次
之。豆腐
的營養價
值很高可
生拌煎炒、
油炸燉煮、
等作法盡
管取材一
樣因作法
了别吃起
来各具
風味。

吹糖人最受孩子們的歡迎他用細管子自火上取些糖稀便能吹出各種人物動物來扎靠的武生寬袍大袖的青衣毛老鼠偷雞蛋公雞打鳴猴子吃松果等形象一個個栩栩如生可見河洛地區民間藝術之優秀玩膩了還可以吃糖人吃起來甜得舒心家裏的爛套子麻繩頭破銅爛鐵頭髮碎布都可以舒來竟換孩子們咋會不喜歡

收入
也是一筆
喝羊毛
兒歌所
媳婦」如
犢娶
賣了牛
犢
生牛
老犍老犍
犢賣了買
毛擀成氈
地邊掛羊
「殺坑針鎮
鉸毛攢糞
其目的在於
人任何報酬
不收取羊主
屆攤群放牧
階段河洛地
散人的三個
和尚」此為懶
大吃糧老了當
「從小放羊長
二成
稼能多收
家肥的莊
一般比施農
相當可觀
茂盛收成也
稼生長格外
過羊糞的莊
放明顯施
羊糞肥

快步如飛
釘換削等工藝 騾馬走起路來 仰頭擺尾
廟會就去趕會 經過師傅們精心修整 切平
以利耕作 釘蹄子為鐵匠的業務 平時鍛打逢
為騾馬換掌
農忙之前要
十分看重
對牲口都
河套漢子
勞動因此
等重體力
地耙地拉磨
担負着拉車犁
產的主要勞動力
騾馬為農業生

玩猴是人對動物馴化的表演猴子在動物群才居於聰明一數宜於調理馴猴者一旦發出命令牠穿衣戴帽爬竿牠那頑皮的動作靈活的身姿往往吸引觀眾的觀眾為其表演而喝釆
「猴不上竿多敲鑼」是借猴子爬竿而折射社會現象有人還會的聲叫謊言說得多了上當千萬要警惕身邊的鑼聲啊

亞病夫者看刀
風生步伐嫺熟武藝精湛咒我「東
刀膝挪地動要纓槍閃翻
鋼筋掌可碎頑石舞大
鑽磚洞似利錐腰可斷
手劈青磚如削泥指
頭他只須束腰練氣
身懷绝技賣藝街

肩挑剃頭挑子
串鄉遊街一
頭火爐一頭盒
架因其所用扁
擔短小便有了
「剃頭扁擔一
不長的歇後
語比喻短小
的物件
師傅們
田間
地頭
攤前
號後
上門服
務不知為何
世俗的眼光瞧他們為下等職
業下等人怪哉

河洛匯流河圖洛書出現伏羲畫卦誕生太極易八卦創造了神秘而深奧的河洛文化易者將天文地理氣象醫學數學知識熔於一爐運用五行五方五臟四季諸象之間相剋相生之玄理預測事物發展結果卜吉兇算禍福知者料事如神通曉未來指破迷津道出玄機致使人信而服遠禍而行
神

羅為磨
麵的必備
工俱之一
有粗細之
分細羅過下的麵粉
為白麵粗羅過下的
是黑麵羅底有絲
銅之别銅羅忌濕
濕則銹銹則爛
張羅師傅專幹
這一行當新張或
換底皆能實為農
家之友

鍋爲煮飯使
用二十世紀六七十
年代農家用鍋
大都爲生鐵澆
鑄釘鍋師傅专
爲炸了紋的破了
洞的鐵鍋進行加
工處理釘個疤
疤頂新鍋使用
現實又實惠

菜刀鈍了
剪刀笨了
經趙刀磨
剪子的師
傅一番修
理
搶刀
對口
磨刀
保
你滿
意用
起來
得心應
手其
消費
微々

懸壺濟世

懸壺濟世，行醫民間義
診舍藥，不收分文，故而河洛
郎中倍受人們尊崇，有
不盡心的冤女，沒有不盡
心的醫生，便是對他們的
最高評價。

看那排場又排場」兒歌唱出了河洛人的心聲
哥哥上學堂、讀詩書、念文章、紅旗插到咱門上、
明晃晃、開開後門洗衣裳、洗的淨、捶的光、打發
樹枝在土地上寫字、紙大筆動、代有人才、「月婆婆、
「十年樹木、百年樹人」小學堂裏、孩子們手執瓦泥、

畫人間百態唱不完河洛風情

「小寡婦上坟」「任女婿祝壽」口若懸河河洛大鼓道不

一面鼓兩根琴走鄉串寨「包公案」「楊家將」玉聲連珠

包公案

丙戌年小龍寫之

大事纪略

筚路蓝缕，栉风沐雨，岁月更替，春华秋实。在回郭镇的发展历程中，一些关键时间节点的大事、要事，对回郭镇起着引领历史、推动发展的重要作用。

1905 年，李显白创办公立速成工业学校，兼实习工厂。

1924 年，回郭镇创办女子小学，至 1925 年改为巩县第二女子小学校，是回郭镇办女校之始。

1926 年，回郭镇新式机织工厂出现。

1938 年，回郭镇创办第一家机制卷烟厂——兴华烟厂。

1938 年，中共回郭镇支部成立。

1939 年 1 月，中共巩县县委在回郭镇东庙村村民邵昌国家成立。

1948 年 4 月 6 日，回郭镇解放。

1949 年，河南省政府在回郭镇东庙村建立民众馆，1951 年改为回郭镇文化馆。

1949 年 5 月，巩县县政府建立国营新中烟草公司。随后大部分私营烟厂并入，公司名称改为公私合营新中烟厂，是 20 世纪 50 年代初巩县唯一大型企业。1959 年 9 月，新中烟厂迁至新郑，即后来的新郑卷烟厂。

1953 年，由回郭镇商会出资建成陇海铁路站点——回郭镇车站。

1953 年，筹建巩县三中，占地 800 平方米，12 个教室。

回郭镇建成陇海铁路站点

1959 年 6 月 23 日，《人民日报》以“挤出时间，苦钻苦学，学习结合”为题，报道了回郭镇清易镇大队总支书记蔡士杰发奋学习提高工作能力的事迹，全文 1500 字。

1974 年 12 月 25 日，《河南日报》头版头条刊登“光明灿烂的希望——巩县回郭镇公社围绕农业办工业，办好工业促农业的调查”一文。

1975 年 10 月 11 日，《人民日报》头版头条刊登“伟大的光明灿烂的希望——河南省巩县回郭镇公社围绕农业办工业、办好工业促农业的调查”一文，同时发表郭大江文章《满腔热情地办好社队工业》。

1975 年 10 月 27 日，《河南日报》四版全版发表题为“巨大的作用，灿烂的前景——巩县回郭镇公社社队企业蓬勃发展”的照片，共七幅。

1976 年，彩色纪录片《回郭镇的春天》拍摄完成，在全国各地上映。

1977 年，《光明日报》第一版发表文章，题为“加快农业步伐，实现四个现代化”——河南省巩县回郭镇工人欢呼十一大圆满成功，决心跑步学大庆，更快发展社队企业。

1982 年 8 月，伊洛河涨水，回郭镇 7 个行政村被水淹。

1984 年，回郭镇工农业总产值突破亿元大关，成为河南省首家亿元明星镇。

回郭镇老照片——抓好工业促农业

1984年，在全国农民“丰收杯”比赛中，回郭镇男女篮球队双双荣获郑州市、河南省第一名，男子篮球队获全国第四名及精神文明队奖。

1993年，回郭镇建立电线电缆工业基地，占地800余亩。同年，回郭镇工农业总产值突破10亿大关，成为全国百强乡镇。

1994年8月6日，回郭镇3000门程控电话交换机开通。

1997年11月30日，回郭镇被国家体委评为“全国体育先进镇”。

2003年3月，回郭镇明泰铝业公司自行设计建造的国内首条（1+4）热连轧生产线投入生产，为国内民营企业首创。

明泰铝业1+4热连轧生产线

2003年3月，回郭镇入选郑州市乡镇30强，排名第4。

2003年12月，回郭镇铝加工工业园形成以特色园区为中心的格局。

2010年2月6日，位于回郭镇的郑西高铁巩义南站正式开通运营。

2011年9月19日，河南明泰铝业股份有限公司在上交所成功上市。

2013年1月，河南明泰铝业股份有限公司院士工作站成立。

2016年3月16日，回郭镇人民公园落成。

2017年，回郭镇被河南省爱卫办授予“河南省卫生镇”称号。

2018年，回郭镇被认定为国家级经济发达镇，一般公共预算收入突破3亿元大关，完成3.3亿元。

2019年，回郭镇被工信部认定为国家三星级新型工业化产业示范基地，润鑫新材在全国中小企业股份转让系统挂牌。

口述史

人民群众是历史的创造者。一件件往事、一段段回忆，诉说着曾经的苦难辉煌，见证着时代的沧桑变化，憧憬着未来的美好生活。

LOCAL RECORDS OF HUIGUO

张仲鲁先生的家乡情

文 / 张国瑞

张仲鲁先生的一生，为中华民族的复兴，为我国的社会主义建设，特别是人民的教育事业，做出了突出的贡献，并有大量的资料存在，广为人知。然而他为家乡做出的大量有益于穷苦百姓的事情却鲜为人知。现我着重介绍一下我所知道的一些情况。

仲鲁（广舆）先生，1895 年出生于回郭镇干沟村，仲鲁先生的童年是在兵荒马乱、自然灾害不断的年月中度过的。泱泱大国之所以无力抵御外来侵略，在自然灾害面前无可奈何，有识之士认为，其主要原因之一是普通民众文化落后和思想愚昧。仲鲁先生的祖父张岱云、父亲张自庭（字绍臣）都是有远见卓识的开明之士，十分热心于兴办教育事业。他的祖父在张氏祠堂和自家的后院设立免费私塾学堂，村里人家的孩子在农忙时下地干活，农闲时去学堂读书。他的父亲于“五四”运动后在张氏祠堂创办了新型免费小学，由于祠堂原是一个私塾学堂，只有一个大屋，远不够新学制四个年级用，他勒紧裤带拿出一部分钱物，又发动村民自愿捐了一部分物资，在其主持下为学校盖了两对厦六间房屋，从此多出几个教室，解决了村内孩子们的上学问题。祖父和父亲热心兴办教育对童年的仲鲁影响极大，立志长大后要继承父志，救助苦难的乡亲。当仲鲁先生赴美留学时，村里人都为自己村子里出了才子感到高兴。那时，他们家并不富裕，出国费用虽是公费，但仍不宽绰，村里的乡亲们在为他送行时，自动送些鸡蛋、小麦等。虽然数量不多，却足见大家的一片心意。他留学回国时，家人用马拉轿车去县城接他，轿车一到村口他就下车步行。从村口到他家的路上，群众摆了许多贺桌（当地人迎宾的最高礼节）为他接风祝贺。张公到桌前一一致谢，并表示决不辜负群众的希望，努力报效国家。

在仲鲁先生任河南大学校长和河南省建设厅厅长期间，对救助广大苦难农民念念不忘，不少家乡群众在走投无路或者灾荒年间去找他，他总是热情接待，量能度材，尽力为其安排工作或生活出路。如我村张增令，一家六口人，四个孩子，其中三个儿子是哑巴，只有闺女会说话，缺吃少穿，生活十分困难，他又是个斗大字不识半升的老实巴交的庄稼人，唯一的手艺是会做饭。张公就安排他在河南大学做饭，增令除了自己吃穿外，还能捎点儿钱回家，救了一家人性命。又如张子馀在 20 世纪 30 年代初，家里就有十多口人，全靠他父亲和弟弟租种土地为生，生活相当困难。一遇灾荒年，庄稼不收，生活就成了大问题。

实在走投无路去找张公，张公把他介绍到河南水利专科学校当图书管理员，一月有几块现洋的收入，家里才不至于断炊，并得以再恢复生产。

张步循是个有文化的青年，在困难时到焦作找张公，张公安排他在焦作矿院工作。后张公回开封，又介绍他到工农货款委员会工作。张景发、张才也都是在家没法生活，到开封找张公后，分别将他们安排在学校当收发和勤杂工。张彭令也是在走投无路的时候，张公介绍他在善后救济总署河南分署工作的。

还有我村的张增雪和张增光兄弟俩，年龄将近三十岁，因家贫仍是光棍（无妻室）两个，哥哥略会炊事，弟弟是半通儿木匠和瓦匠（盖房），就这样的两个人，在家也实在无法度日。兄长增雪对弟弟增光说："父母临终对我说咱家穷，整年顾不上吃，你大伯为支持我成家，他却一辈子没能成家。我又没能耐为你兄弟成家，爹对不住你们，我怕……咱俩都在家，吃都顾不上，何谈成家，不如你到开封找咱广舆哥，让他给你想个办法，找个糊口门路，或许还能成家，让哥哥一人在家熬吧！"增光含泪答应，就这样到开封后，适逢秋假，张公就安排他在学校修理漏房和损坏的课桌凳子，闲暇到街上学些技术，从此有了收入节余，居然也在三十四岁上娶妻生子，过上天伦之乐的日子。可怜他哥在家一辈子，也没能成亲，所以增光特别感恩张公。

本村农民张增旺，村里人习惯叫他老旺（音汪），也是因为生活困难，张公安排他在河南大学敲钟，老旺怕别人说张公安排的人都是姓张的，他还和在家时一样让人叫他老汪，自己听是老旺，别人听是老汪（姓），就这样以谐音称呼多年，学校里很多人竟不知道他姓张。青年张俊卿中学毕业后因字写的漂亮，去开封找张公，被安排在省建设厅当缮写员。自己有了事干，还顾住了全家人生活。

仲鲁先生对家乡的农民青年甚为关心。不少青年因为兄弟多，在家又无地可种，还要不断出壮丁钱，在家被逼得混不下去也去开封找张公，张公就想办法给他们介绍到工厂做工或当学徒。如我村张学序开始当学徒，新中国成立后先后在开封高压阀门厂、钢铁厂、锅炉厂任厂长，现退休开封，他常说："没有当初来开封当学徒，就没有今天的我。"像这样的还有张学智、张学义、张学信、张彭年、张彭寿、魏振八等。此外还有不少外村人，如刘村的刘希彭也是个有文化的青年，人诚实又很有才干，张公就安排他随身工作。走到哪里带他到哪里，连续干了十多年，他的儿子刘成钧（原巩义市政协副主席）至今提起张公仍感受恩过重，无以为报。

张公还对青年学生，特别是品学兼优、成绩突出而又上不起学的都慨然相助。如我村张黎至，现为北京晚报社高级编辑，中学时是个高才生，他父亲不惜变卖田产供他上学，仍然有困难，张公知道后资助他直至完成大学学业。还有我村的魏春轩也是个高才生，因为家境贫困无力攻读。仲鲁先生的父亲在世时曾资助他上学，为不使他辍学，仲鲁先生承父遗志继续供春轩完成学业，并给他安排工作。

农民张银安，在做庄稼方面堪称能手，虽整年累月起早搭黑，依然难以维持一家人生活，他向张公求教问策，张向其推荐植种优良棉花品种——大花，并帮他弄来种籽。大花比原来种的小花产量高五倍，两三年时间张银安的家境就有了改观，他高兴得将心爱的女儿起名叫大花。他高兴地说：“种大花，发了家，得个女儿叫大花，今后咱可不能忘记他（张公）。”张学礼年轻时因家庭贫穷外出借粮糊口，结果粮食没借到，回来的路上却被国民党部队抓到洛阳当兵。他的高堂父母和妻子儿女都在眼巴巴地盼望着他借回米面糊口，却一连数日不见学礼的人影，全家人心焦如焚。有一天学礼站岗时，突然看见张公在门口路过，像遇到了救星一样大声呼喊：“广舆叔！”张公见是学礼，惊问：“你不在家，来这干啥？”学礼见问，呜呜大哭说：“家里没啥吃，出来借粮，粮没有借到，被抓了壮丁，家里还不知道。”张公随即给他几块钱说：“你先在这，随后我想办法让你回去。”两天后，该部队放学礼回家。家里人看到安然无恙的学礼喜出望外，对张公更是感激不尽。

仲鲁先生关心乡亲，关爱青年的事情不胜枚举。受恩者多数都无力报答，但恩情不会因时间的推移而消失，它会传给他的下一代，世代传颂，永志不忘。然而，当今社会中有人认为这些都是点滴小事，称不上大恩大德。但任何时候看问题都不能离开当时的时代背景，生活在旧中国20世纪三四十年代的广大农民，祖祖辈辈，年年月月都在饥寒交迫的死亡线上挣扎，加上灾荒和战乱，为了生存卖儿卖女、妻离子散，甚至更凄惨者比比皆是，当时若有人怜悯处在绝境中的人，哪怕施舍一碗热汤也许就能救活一条人命，送上十斤粮食就能救一家人的性命。试想，在那“贫在大街无人问，富在深山有远亲”的社会，有多少富人能同情穷人，又有多少富人能帮助穷人？偶有品德高尚的人帮你一把，把你从死亡的边沿拉回，你会轻易忘记吗？你的子子孙孙会轻易忘记吗？显然不会。人们常说“无时给一口，胜似有时的给一斗”，这话千真万确！

仲鲁先生之所以堪称品德高尚，不仅体现在他扶贫济困、乐意助人，更在于他公而忘私，舍己为人，不图回报。他以毕生的精力奉献社会，报效祖国，以真挚深厚的情感关注家乡，为乡亲排忧解难，对家乡有着解不开拽不断的情结。尤其是他在身处逆境即将告别人世之际，还念念不忘养育他的故土，写下发自肺腑的遗言："我死后把一部分积蓄给队里（干沟村）买一台拖拉机，把我的骨灰散在坡上的麦地里。"家乡的人听到这感人至深的遗言时，都感动地流下了热泪。

凡受过张公恩惠的人，总是满怀感激之情，却报恩无力，那就只有到处宣扬，以至成了干沟人在饭场、生产间隙中的一种每谈常论的资料，就这样传了几十年，受恩者的后裔至今仍不时地听到这种美传。每谈一次，激起一次受恩后裔报恩的念头。总觉得这种高尚品德，不应只流于口传，应用文字性的记载流传，使之能得到弘扬继承。

2002 年 10 月 13 日，是张仲鲁先生逝世 34 周年纪念日，受恩人后裔经过会议协商，打算在这一天开个座谈会，弘扬张公的美德。原国家民政部副部长王国权先生，已九十高龄，听到这个消息甚为激动。因为他青年时期在开封因参加我党地下活动，而遭到国民党反动派的通缉逮捕，弄得无处藏身，多亏时任河南大学校长、他的恩师张仲鲁老先生的营救，为其办了一张出国证，使其东渡日本，才免了这场灾难。所以他得知家乡人为张公立碑，亲自写了一张条幅捎回。上款是：纪念张仲鲁老先生逝世三十四周年。中间大字是：热爱祖国、关心家乡、正直清白、品德高尚。落款是：壬午年春　王国权。乡人得此幅，高兴异常，决定将其刻在整个碑的正面，以示纪念。碑的背面是受恩人后裔撰写的张仲鲁老先生热爱家乡的功德碑文。

仲鲁先生一生热爱祖国、关心家乡、正直清白、品德高尚、勤俭治教、廉洁从政、淡泊名利、厌恶污浊、生活简朴、乐于助人，不买庄田，不置家产，而是毫不吝惜地将自己靠薪水积攒的积蓄拿出来援助革命，周济穷人，帮助进步青年。乡亲们说："老人家这一辈子不是为自己活着，而是为别人、为后人活着。"时至今日，仲鲁先生早已辞世，乡亲们不但没有忘记他，并且自愿立碑铭志纪念他，以他为楷模教育下一代。仲鲁先生的精神犹在，风范长存，并在不断发扬光大。

选自巩义市政协文史委员会

《巩义市文史资料》第 25 辑

盛大的玉晨观古庙会

文 / 刘彦昌

玉晨观俗名苏村观，位居李苏村，就是现在的李邵村，也是十八苏村之一。斯庙建于元英宗至治元年，总面积有 1400 平方米，坐北向南，山门左右有掖门，门前有铁狮子一对，穿过山门正中 20 米处，有方五丈正殿，左右配钟鼓二楼及厢房 27 间。院内有碑二十余通，正殿坐于高出地面一公尺的砖台上，台周围砌以青石。殿前有条石台阶和 5 米长的月台，殿外有石柱，上刻 3 副对联，一是“一气化三清惟天下至诚为能化”，下联是“两仪生四象乃图中太极所自生”；二是“玉晨传古观松峰月落浦云祥光缭绕，宝塔会天尊儒门祖道家宗归乃掌握”；三是“乾坤一万祖行行色色真谛源渊，道德五千言原原本本盗人心胸”。殿外有匾，正中是“道德五千”，两边是“金身百丈，九转丹成”，山门上写“玉晨观”，正殿内有太上老君像三尊，为老子一气化三清，故名三清殿。两旁有四大天王站像，东厢房南间是火帝真君，上挂有“位居离宫”，匾西厢房是“救苦菩萨药王”，山门内有哼哈二将。

大会正日子是每年正月初七日，唱八台大戏，前李苏村、邵苏村、曹苏村、杨苏村、马苏村各一台，回郭镇两台，罗庄一台。从前，回郭镇、罗庄的戏初七只唱一天，后来只唱一上午。据老人说，玉晨观大会的戏是昼夜不停地唱，后因夜间气候太冷，逐渐改成只唱前半夜。另外，李苏村不唱戏，特置大型烟火一架，（其他村开有炮坊）有四门斗子、门楼、牌坊、香伞、火马老杆，这些都是在未开戏以前点放。初七晚上，火马点着后，还得转圈跑老杆，最后点正响，还垂下一对天鹅，会下蛋，接着现出 1 副对联，上写“天下太平　庆贺新春”。故事规定依照日子有次序，初四请火帝真君，初五领羊，初六送神，初七夜送灯。领羊是最可笑的事，在春季各村神社都买好羊，到这一天都牵着来，羊背上还披着红绿绸子，执事人都跪在火神前祷告求福，然后把羊背上的毛分开，用酒浇上去，羊就会抖几下，这表示火神将羊收住了。（我想酒会发烧，羊受不住就会抖，所以买羊的时候，都是拣羊皮子越薄发烧越快的羊。跪的时间短，这谁都知道，不过那天在众人耳目下，谁肯说冷话。）

故事有大鼓社、唢呐班、狮子舞、旱船、毛驴、高跷等。另外，也有少数人组织起来，牵一只羊，到这一领就走了。庙会期间每晚都有人组织烧香、念经、推小车、捕蛾、担花篮等活动。玉晨观古庙会历史很久，戏又多，故事又多，远处外地人都知道，每年会期来赶会的人特别多，如偃师、登封、孟津、汜水等地的群众都成群结队来赶会，各戏台下边停满了轿车马车骡车。玉晨观早已拆除，地址即现在的李邵学校。

选自巩义市政协文史委员会

《巩义市文史资料》第 16 辑

我在回郭镇经历的两次特大洪水情况

文 / 阎国宝

1954 年第一次特大洪水

1954 年 7 月 1 日，我由中共巩县县委调到回郭镇政府任秘书。当时的回郭镇政委（即现在党委书记）是衣培敏同志，镇长是吴海禄同志。当时的镇是单列建制，只管辖镇里的东庙（一街）、马口（二街）、李沟（三街）、鲁庄（四街）、北寺（五街）、西圪塔（六街现在的向阳）及正街的工商业一条街。周围的农村各村，由第四区人民政府管辖。

回郭镇地处伊洛河畔的冲积小平原，是肥沃的良田。据巩县史料记载："夏秋季节，常道南之祸，伊洛暴涨，北五村几成洋国；南依嵩山脚，白云山麓山洪暴发，嵩麓坡水，由九山谷流出，时有大小村庄被淹……"

1954 年 8 月 4 日上午 9 时许，电话铃急速地呼叫。我在拿起话筒之后，听出是县政府秘书焦庭才的声音。焦秘书说："有紧急情况，快速把衣政委、吴镇长找来接电话！"我思想上突然紧张起来，迅即找到衣政委接了电话。衣政委接电时我亦在场，我看到他接电话的表情严肃。待政委放下电话即郑重地对我说："伊洛河要发大水了，你马上把在机关的干部组织起来，分头通知在各街各厂的住队住厂干部及各街街长，半个小时后到镇政府开紧急会议。"镇长及镇里的其他领导提前都回来了，政委向他们传达了县政府的通知精神：下午四时左右，伊洛河有特大洪水进入我镇，我们应先保人、畜，再救物资，同时抢险，确保我镇人命、财产、工厂的安全……

半个小时之后，所有通知到的干部、人员多数到齐了。由吴海禄镇长作防洪抢险动员报告：伊洛河特大洪水下午 4 时左右将到达我镇。水火无情，全体干部必须立即投入防汛抗洪中去，一切工作服从防汛抗洪。任何人从现在起，不得私自脱离抗洪岗位！组织分工：所有干部按原来的分片、住厂、住队各负其责。首先组织人员的转移，先老人、小孩、学生，再抢救物资。回郭镇的各个寨门的分工是：各街分工把寨门堵死；领导的分工是：衣培敏政委坐镇指挥，吴海禄镇长前线指挥。会后衣培敏政委又作了简短的政治动员：一、洪水当前，是考验每个干部的时候，每个人要充满信心，下定决心，战胜洪水，只能前进，不能后退；二、加强组织、服从领导、严格纪律，有什么问题随时通气；三、注意社会秩序的稳定，保证全体干部、工人、农民的人身安全。会议自始至终在紧张的气氛中进行，短时间完成了分工布置。

散会后，凡参加会议者都以饱满的政治热情，救人民于水深火热之中的责任感，郑重地接受了任务，以最快的速度奔赴各自的抗洪岗位，开始了紧张而有序的防汛抗洪工作。

繁荣安静、生机向上的回郭镇，防汛抗洪的任务一经传达到人群之中之后，人们不无为之震惊。但是，沿河村庄的人民、镇里的群众，在旧社会都饱受了山洪伊洛河水患之害，为了生存，已有战胜洪水的经验。今天（当时）在党的领导下，洪水的信息提前得知，这更有利于回郭镇干群战胜洪水，从而使整个防汛抗洪工作紧张有序地进行。学校全部停课，学生、老人向亲戚朋友及安全地方转移；商店关门，转移商品向高的地方；工厂停产，工人除各自转移物资外，由吴海禄镇长组织了 180 名工人。当时镇的粮管所在北寺（五街），工人们在大水到来之前，把粮食面粉都转移到卢医庙的小寨上。镇团委书记赵丙灿同志，他平时住烟厂做工人工作，经安排他叫了一批工人到李邵、刘村帮助群众转移。有帮助转移的同志回来反映，有的老人对洪水是“处惊不畏”，他们说：不要紧，洪水是先小后大，我们可以由低到高，高地上的房子塌了，我们可以上到塌了的房子上；有的是“穷家难舍”，不愿转换。转移时，干部们做了大量的深入细致的工作。

回郭镇党委、政府主要的任务是：保证镇里的安全。当时的回郭镇城墙，东南依托北寨墙，西南依托卢医庙的小寨，整个东西北的寨墙是完整的，高有 10 米以上，厚有 5 米左右。若把各个寨门堵死，拒洪水于城外是有保障的。镇里领导在布置堵死城门有明确的责任外，各段对鼠穴小洞的检查也有明确的分工，在洪水到来时，又加强了排查漏水的工作。

新中国成立后，伊洛河的水文测报系统（网络）已经建立，政府通知的洪水下午 4 时进入巩县的信息是准确的。近下午 5 时许，赵丙灿同志从李邵回来讲，大水已经来了，是从菜园西南进入我境的，从刘村、李邵村的南边由西向东经赵凹滩向北罗流去。

1954 年，我们的经济建设刚刚开始，洛河大堤还未修筑，洪水到来，只能听任自流。

（后来我于 1982 年在回郭镇工作，第二次经历大洪水，是伊洛河大堤溃垮，洪水又一次包围了回郭镇。两次经验教训是，回郭镇的东门、现在的回郭镇医院以东最低，两次洪水都是先从东边逼近回郭镇的。）五四年的大水来后，东门首当其冲。我记得李小合同志（后在我县任老干部局局长、组织部副部长等职），当时是李沟（三街）支部书记，他负责东门一段险工。东门首先被水围了，又涨得很猛，李小合同志身先士卒跳进水里，感动了民兵先后下水，排除了险情。

晚上约 8 时，回郭镇的东、北、西三面已成了汪洋泽国，洪水在继续上涨。镇里的防汛抗洪指挥部从镇政府移到了北寺的刘家祠堂，因这里靠近北门，便于指挥。晚上，孙曾学县长、检察长、公安局长都到回郭镇来指导工作了（步行）。他们说走来寨沟时，水已挡住了路，他们转到南岭上经南罗（北罗已被水淹了）上邵寨，才走到回郭镇的，可见水势之大，受害之严重。

整个夜晚，全体干部、工人、农民都在抗洪奋战，最担心的是怕水再猛涨，怕水泡塌城墙水淹镇里，所以严格了城墙的巡逻，排查险情，防止洪水渗透是当晚抗洪的重中之重。镇主要领导在城墙上过了难忘的一夜。

大水来后，有的老人、小孩还未被转移，洪水就进了家，有的被洪水困在一点点较高的地方。晚 8 点多钟得知镇政府事务长杨武学的两个小孩及爱人被水困在家里。他家是北杨庄的，水已淹了村庄，镇领导及时组织人力，用毛竹绑了个竹排，到北杨庄把杨武学的两个小孩及爱人接到了镇政府，全家平安无事。

8 月 5 日上午，水停止了上涨，中午水势明显的回落了，大家并没有松劲，坚持 8 月 6 日才打开了城门，但东门较低，城门仍堵的死死的。围城的水仍有五尺深。奋斗了三天两夜，回郭镇"固若金汤"，洪水围城未进城，保证了城里人民生命财产的安全。洪水退后，镇里的工业、商业、学校很快恢复常态，重新呈现出繁荣的景象，镇政府的工作当即由抗洪转入了排水的生产救灾工作。

1982 年第二次洪水

我于 1979 年 3 月 5 日由山孝义供销社调任回郭镇供销社，任副主任，主管业务工作。到 1980 年主任周保庆同志调出，李照儒同志由西村公社调来任主任。1982 年 7 月下旬，照儒同志去开封地区供销社开会，在家的副主任有我和贾新一、刘丰铭（他是五零年去过北京的劳动模范）、孙书铭等同志。一把手不在家，工作由我主持，大家按分工干得是蛮有劲的。意外的是7月29日风云突变，豫西普降大雨，持续到8月3日，降雨700毫米，伊洛河暴涨，造成百年不遇的大水灾。洛河大堤5处决口，7个村庄被淹没，10个村庄都进了水，48987户22910口人受灾，15960间房屋倒塌，秋庄稼被淹20300亩，多家镇企业迫停产，水淹的村庄被迫停课，整个回郭镇公社成了一片泽国。

7月18日，县财委邵松报同志电话通知我，让我到财委写一篇“关于小商品开放市场”的材料（当时县财委对小商品开放在回郭镇供销社搞试点）。我奉命29日一早赶到县财委，8点以后县城已是倾盆大雨，下个不止，写材料应该是静下来的，可这时我无论如何也静不下来，当然也写不成了，我想回郭镇下得如何呢？约十时许，回郭镇供销社打来电话称：下得很大。让我速回。我向邵松报同志说明了来电情况，邵也感到雨下得意外，说：“材料以后再写，你先回去吧！”之后，我即乘班车往社里赶，车走到市宾馆门口，雨越下越大。当时没有瓦肆街，皇陵坟全是平整后的农田，农田水普遍向北漫流，可见雨下的暴而大，天是阴森森的，雷雨交加。我扫视了一下全车的乘客，面孔都是严肃而深沉的。公共汽车在暴雨中的马路上劈开洪水，疾驶向前。

随着汽车的前进，我的心也忐忑不安：1954年我在回郭镇工作时遇到了大洪水，今天（1982年）在回郭镇工作，又可能是洪水临头了。又想：现在比1954年抗洪的有利条件增多了，沿伊洛河大堤，五十年代筑坝以来，年年都修，是抵挡洪水一大屏障，但回郭镇的城墙没有了，西面北边修成公路，东边最低的位置，城墙则荡然无存了。

今天我是在回郭镇供销社工作，门市部一街两行，代销点遍布沿河农村各个角落，门市部仓库、货架所存都是人民的血汗物资和现金。现在不比五四年，五四年我是小小的镇政府秘书，上有政委、镇长，下有各村、工厂、街的领导，今天我是供销社的副主任，一把手不在机关，我是具体管着物资的购销、调、存，若大水的真的要来，我的责任可想而知了。鼓起勇气，怕是没用的，面对现实，我们有200多名职工，有党的领导，任何困难，自有解决的办法。

汽车到回郭镇约11点多，雨暂时停了，我到供销社之后，刘丰铭副主任对我说：“我们已开过一个门市部负责人会，除社里组织外，各自负责自己的商品由低向高处转移。”我说“你们安排的很对，咱们分工按片再下去看一下”。在家的领导分工后，各自很快就下去了，机关留孙改名秘书看守电话外，我即叫上司机郑恩开车往清易镇门市部去了。到清易镇后，我让郑恩开车在公路上调头等我（因门市在老集上，汽车进不去），我先到百货，后到农具门市，看到大家都忙着整理商品转移物资。我鼓励了大家，简单讲了注意水患、人身、社会安全的事，要求大家有什么紧急情况互相联系后，我扭头就到马路上乘车回镇里去了。在来清易镇时，已得知洪水下来了，但预料不会这样快，我们去清易镇路过北罗北边的马路时，路上一点水也没有，回来再路过时，大水已上马路一尺多深了。司机郑恩加足马力过了北罗之后，变压器这里较高还没有水，但周围都是一片汪洋。回到社里之后，我感到这次洪水较五四年还要严重了。

当时的镇党委书记是窦修珍同志，公社管委会主任是张占元同志。29 日下午窦修珍书记召开了各单位负责人会议，讲了洪水的情况，据上级通知，水势可能是历年来最大的一次，讲了洪水的情报、人员抢险时的调配、防汛抗洪物资的供应、安全抗洪纪律等。当时在回郭镇坐镇指挥的是杨振儒县长，会后他专门把我留下询问了防汛物资的库存情况，如草袋、铅丝、毛竹、马灯、电池、食盐、石油、雨伞、雨衣、雨鞋、火柴等有关商品，问得非常细致。因为每年防汛期间，上述防汛物都有“防汛物资五日储备表”，开会时，我料有防汛物资汇报之事，正有近期报表，向县长汇报后，比较满意，特别提出草袋问题怕少时，我答复：“我县当时库存约三万余条，大部分都保存在回郭镇籽棉加工厂，优先我们使用，此存之草袋是防汛专用。”此时杨振儒县长才满意地说：“好！你们（指供销社）除做好防汛物资的调运外，同时也要做好自身的人身财产安全工作。”散会回来的路上，我想杨县长问的好具体呀！要不是我有准备，回答不上来准挨批评。后来得知，杨振儒县长原来也是老供销社出身。

回供销社后，我和副主任刘丰铭，贾新一、孙书铭及行政上的李玉清、刘玉杰、杨中秋、曹西强，百货大楼楼长杨红军等同志，共同开了一个会，传达了公社的会议精神、杨县长的指示、县供销邢有成主任的电话通知，结合我们的实际，研究我们该怎么办。

首先，分析了当时的水情，水势在继续上涨，洛河大堤多处相继决口，洪水已逼近东门（即现在振华商场的后门）。这次洪水与 1954 年不同：1954 年大水来势猛，但当地并未下大暴雨，当时有坚固的城墙，把城门堵死，洪水进不了城；而 1982 年当时的情况，城墙没有了，原东门处依然很低，洪水已越过了原来东门的位置，因回郭镇是东低西高，这时洪水已不断地向西涨着，看洪水再次猛涨，镇里大街、供销社的几十个门市部被淹的可能性是很大的。而 1982 年的 7 月 29 号到 8 月 1 日，我地区大雨、阵雨、暴雨不断，北有伊洛河水不断上涨，南有山洪随时袭来，与 1954 年不同的是腹背受敌，内外都是水。

洪水无情，危机四伏，不容犹豫，我们当即研究决定成立青年抢险队，队长是杨中秋、杨红军，抽调年轻力壮的40人为队员，哪里需要哪里去，随时应急。刘玉杰、孙政铭、李玉清组成物资供应情报组，日夜看好两部电话，随时掌握水的涨势。会计出纳邵红霞、门市主任王学珍、郝秀珍等与三中取得了联系，把供销社在城里的家属、小孩、学生30余人统统带到三中（位置较高），以防晚上大水进城措手不及。城里各门市的人员一律在门市守卫，40名抢险队员全部集中在行政院待命。

晚上十一时许，洪水由东进入城里，城东的医院、阎拐已被淹，水不停地向西推进。当时东商场正在基建，曹轩在工地负责，连次告急，第一次来电，大水已从门口进医院里，紧接着第二次来电，大水已进基建岗屋，水深1米多。紧接着第三次电话说：“院里水接近2米深，门岗屋已经淹了。”我问：“你现在在什么地方说电话（因电话在门岗屋装着）？”曹轩答说：“我现抱着电话，在房顶上说话。”我又问：“水势如何？”他答：“仍在涨！”顿时，我的眼泪夺眶而出，同志们保卫国家财产的高尚品质感动了我，我当即强制性对曹轩说：“你的守卫任务完成了，马上安全撤出危险地。”曹轩同志没有完全同意马上撤离，最后说：“我看情况，到万不得已再撤……”

我放下电话，2个抢险队员从东大街观察水情回来，说东边来的水已到街上老邮电局门口了，仍在向西推进中，40个抢险队员都在办公室里待命。这时，县供销社主任邢有成同志来电询问情况，我汇报了老人、小孩、学生都已转移到三中，组织了40名抢险队员运送抢险物资作好保卫，以防万一。最后我向邢主任表示：大水若继续上涨，人在百货大楼在，决心抗洪到底。邢主任在电话中除鼓励我之外，最后强调干部职工注意人身安全。

29日之后，伊洛河水只涨不落，大雨时下时停，暴雨不断，山洪暴发，原城里的东北角医院，供销社的东商场院内、地下室全被水灌。30日晚上11点钟，窦修珍书记来电，指名要我接电话，通知说：12点前运1000条草袋到暖气片厂门口。最后加了一句，必须按时运到。我放下电话即和杨中秋、杨红军商量，40个队员每人拿一条绳子，到回郭镇籽棉加工厂，每人捆25条草袋（约80市斤）背到暖气片厂门口，马上出发！任务就是命令！为了抗洪，一切行动听指挥，我让孙书铭在机关听电话。杨中秋、杨红军向队员传达之后，我们和同志们一起向籽棉加工厂出发，当时我已52岁，体力不如年轻人，他们不少都跑在我前头。

当时还不时下着雨，有一段路，水泥膝盖深，同志们没有叫苦的。到籽棉加工厂，捆草袋及送草袋的路上没有一个人讲话，只听见淌水踩泥的唰唰脚步声，急速地前进着，争先恐后，你追我赶，提前超1000条完成了运草袋任务。像这样紧急的运送草袋任务，在8月1日上午10点又运送了1000条。

8月1日之后，水明显回落了，又因回郭镇地势低凹，里滩的水很难马上退出，刘村以南洪水的水势仍是很大的。从29日洪水到来之后。李邵、刘村、菜园以南水比较深，滚滚洪流未能隔断李邵、刘村村民与镇里的来往，人们有的坐在汽车轮胎上；有的用两个大汽油桶，上边用绳系两块门板，充当来往小船；有的用竹椅躺在上边，两只手在两边扒水，两条腿两边摆动当船舵。群众是真正的英雄，时势造英雄，来往渡河的工具多种多样。被水淹的群众来来往往，被水困的群众信息频频传来。从信息中得知回郭镇供销社业务组副组长李福仑同志家住李邵，被水困在房顶上已3天了。

洪水稳住不涨回落了，人员的紧张心理也随之消失了。8月1日下午，供销社的刘丰铭、贾新一、孙书铭副主任及抢险队长杨中秋、杨红军及中层领导刘玉杰、李玉清、赵五振等同志开了个会研究了：不松劲，作好大水后外保内保工作外，大家屈指算了一下，李邵、刘村、菜园等村供销社职工29人，有的同志有信息，有的同志情况不明，特别是业务组采购员刘金禄出差湖北，家里的老母亲现不知去向。刘金禄是孤子，他不在家，我们社里应对其负责。加之李福仑在房顶被困3天等情况，最后决定用10根大毛竹加工一个竹排，下边再捆上6个手拖轮胎，派人去李部、刘村、菜园等村，看一下我们不知下落的同志。

1日下午当即加工了一个长8米、宽1米，下边6个轮胎的“竹排船”。人员选定8个人，我先自告当先和同志们一起去，我不会游泳，同志们不让去，我坚持要去，同志们就同意了。另外有刘新峰同志是供销社的团支书，他也不会游泳，他家是刘村的，他知道刘金禄的家住在什么地方。其余根据报名选定了6个年轻、身壮、水性好的同志，有李玉清，他家是李邵的，冯东周、王子予、刘三伟等6人。为了人身安全，每人身佩两条充满气的架子车内胎。竹排的前进动力是每人拿一张短把木铣，分别在竹排的两边划桨。李玉清地理熟，他拿一根长竹竿，在竹排尾上当舵手。去的8个人又开会鼓足勇气，为防不测，3个会游泳的负责1个不会游泳的，谁负责谁都分了工。出发时所带东西是一箱点心、两条香烟。

8月2日上午8时，在同志们欢送的掌声中，抢险队员在单位抬着“竹排船”，去的8个人每人都是裤头短装，上身十字佩着红色的架子车内胎，精神饱满。由大街经三角堂向化肥厂的西边下水出发了。

竹排船下水后，忽的一下就一米多深，顺着镇里往李邵去的原路前进。水深2米、3米不等。水面距高压电线很低，人立在竹排上伸手可摸。我们放下木铣，手拉高压线（已断电），很快到了李邵村。进村后，水有三四米深，我们坐在李邵大队部大门的雨篷上休息了一会儿，看到了供销社采购员李治卿同志，他在水中坐的是一把广西产的竹躺椅，他用两只手在躺椅的两边拨水前进、后退，来去自如。我们互通了信息，李治卿说：“据老人讲，这次水比民国二十四年高了三砖。”巩县县志记载：民国二十四年（1935年），洛河暴涨，黄河倒灌，焦湾集上水深三米，回郭镇东门外可以行船。1982年的洪水之大可想而知。

我们问李福仓的情况，他说：“在他房上哩！”我们划竹筏到李福仓房子的北边，水深3米以上，最深有5米的，李玉清知道他家离不远时，呼叫李福仓时，李福仓听到有人喊他，从另一间房顶上沿过来，看见了我们，好似亲人重相逢的情形，让他上筏回镇里。他坚决不回，说：“你们放心，不涨了，不会有什么危险，我们这里差不多家里都留有人。”言外之意是冒生命的危险也得来守护这个家产呀！穷家难舍在农民的心中又一次得到印证。

我们这时处于大水中已近3个小时，在李邵村转了大半个村，所见群众，他们都有战胜洪水的必胜信心，实际这时给我们感染得也临危不惊了。我们带的点心已被洪水浸湿，给李福仓留了一部分之后，祝愿他平安无事。我们划竹排往李邵的西头去了，李玉清家在西头，看到家已被淹了，但因地势高些，大屋未进水，他父母亲、爱人孩子，在大水到来之前已转移到镇供销社。我们又看了李世松家，即划竹排往刘村去。李邵村与刘村中间是一条洪水干道，洪水仍很急，我们的竹排进入洪水干道之后，洪水把我们顺水冲了几十米。大家临危不慌，由李玉清用竹竿掌舵，竹排在顺水下冲的同时，大家用木铣划水，调整了向刘村前进的方向，大家齐声呼着一、二、三的号声，拼命划水，很快就过了洪水的主干道，大家欢呼胜利。很快就到了刘村的东北村边。转到刘村东寨门前，刘丰铭的大儿子在家守护，我们到他家看了一下，因房是砖墙，房子都安然无恙。刘金禄和好几户职工都在寨里边住，当时的寨里寨外，大水连成了泽国。刘玉杰在东门外的新房子全是砖结构，虽然无恙，但水深已与他家大屋的门鼻齐了，可见刘村东门外水的深浅，有的地方，我们船的竹竿都探不着底。我们又看了东门外的供销社的代销点，门锁着，水已进屋里。我们往刘村里去的时候水和寨门的圈顶只有不到1米的空隙，竹排进寨，人都是趴下过寨门的。

刘村寨里老房子多，凡是土墙的，或水淹没土墙的房子全塌了，有的群众在塌了的房子上坐着见我们后第一要求是，带烟了没有，刘三伟给了烟打火吸了一口之后，高兴的样子好像把洪水的仇恨、险情全忘了。

进寨后，先到职工刘占先同志的家里去看一看。占先的父亲在家给我们打了招呼。正在此时，刘占先从柏峪泅水回来了。脖子上绑了一兜兜油馍。我们说你好水性呀！这么远，你怎么泅水过来的。刘占先说，他地理情况熟，水浅了我淌着走，水深了，他泅水过来。

这时，我们的水上之行已经 5 个多小时，肚子以下的衣服早已全湿了，所经历的场面，看到的事迹，对我们教育最深的是，李邵、刘村的人民千方百计和洪水在斗争着，凡在守护家的人都把个人安全置之度外，他们都有必胜的信心。

刘新峰同志的家也在刘村寨里，他回家看了一下之后，就叫我去刘金禄家。刘金禄的大屋较高，幸亏水未进屋，家里空无一人。他村里这一片不见一人，询问刘金禄母亲的去向，无从问起。我们无果而归。顺原路出刘村寨，从刘村南又转菜园赵金平家。赵在菜园的西头，距洛河大堤很近了。我们再动员，他也不跟我走。和李福仑的态度一样，他也不怕水，这可能是洛河边上人民的性格。无奈，我们告别了赵金平，开始返回了。约下午 4 点多我们在出发的地方竹排靠岸，社里不少同志在岸边等了很久了，在看见我们 8 个人如数归来的时候，高兴的直欢呼到我们的竹排靠岸为止。

同志们抬上竹排回供销社了，我刚上岸两双小手分别拉住了我的两只手，他（她）们同声说："爸爸！我们在这等你 3 个小时了，原来是我四姑娘代见，大儿子英弟了（他这时正在回郭镇上学）。我把佩在身上的架子车内胎去下来，代见很快地接过去，我们父女子三人随在人群中回到供销社。从下水到上岸，在惊涛骇浪中经历了难忘的 8 个多小时。8 月 3 号之后，洛河水缓慢地回落。抗洪抢险暂告一段落，因汛期远未解除，供销社的领导很快研究做了三件事：

第一，水落了，李邵、刘村、菜园、北杨庄、北罗、小訾殿等村塌了很多房子，职工的房子也塌了很多，天有时还下阵雨。为了使同志们在水退后回家有遮雨的地方，我们又决定，凡房子塌了的职工，每人送油毛毡一卷，以搭个临时棚，下雨时好存身子。

第二，大水过后，澄清财产损失。被大水淹了的小訾殿、李邵、刘村、北杨庄、前庄、驻驾庄、北罗村均设有代购代销点，资金是供销社的，人员由各村选配，经社里考核同意。"双代"员对资金实物负责制，水淹的比较严重是李邵、刘村、小訾殿、前庄等，抽人分工到"双代"点亲自盘点，澄清损失。我被分到李邵，一组两人，我和刘梦蛟一组。时间是 8 月 8 号，李邵村仍被积水困在中间，我们两人去时涉水有 1 千米，接近村时，路上的水仍有 1 米多深。"双代"点的商品，大水来时已转移到大队的二楼，我们涉水到大队，水深有 1.3 米深。代销员当时不在，我们等代销员时，刘梦蛟拉我到南边一个机械厂的墙上（骑在墙上可避免水泡）。在墙上约 1 个小时，代销员来了。我们下墙又涉水到到大队二楼，把商品一一作了盘点，又澄清了外争内欠、库存现金等。我们盘后把账目数字带回社里，由会计核对。因抢救及时，商品未被淹，基本上没有大的损失。各代购代销点，都同时作了盘点澄清。刘村也是涉水进去的，刘村因商品被淹，损失较大，余皆损失不大。

第三，房淹了，屋塌了，一切锅灶全吹了。作为回郭镇供销社干部职工的我们，以刘玉杰、李玉清等同志为首，积极组织供应被水淹的农民做饭用的煤球 19 万余块，解决当时农民做饭的燃眉之急。大水过后，公社开防汛抢险表彰大会，回郭镇供销社受到表扬，并选出了两个模范给予了奖励。上述是我在回郭镇先后两次工作，经历了两次特大洪水的经历，不当之处，请知情者指正。不到之处，望知情者著文补充，以示后世。

选自巩义市政协文史委员会
《巩义市文史资料》第 22 辑

明泰公司二十年回顾

文 / 邵三勇

算起来，我进入明泰公司已经有 20 年了。20 年来，我见证了明泰铝业始终坚持创新发展，以市场为主导，彰显明泰速度，从一家小型民营铝加工企业发展成为国内第二大铝加工大型企业，历历在目。

河南明泰铝业股份有限公司位于河南省巩义市产业集聚区，属民营股份制企业，从事铝深加工。公司创建于 1997 年，紧抓时代机遇，励精图治求发展。国务院总理李克强、全国政协原副主席张思卿，原河南省长李成玉、副省长李克等领导到公司视察调研时，对公司的发展给予了肯定和鼓励。

公司创始人马廷义原是巩义市回郭镇镇办化肥厂的工人，化肥厂停产后，他没有坐以待毙，而是和十几个志同道合的农民伙伴东挪西借了 25 万元，于 1986 年办起一个生产立德粉的小作坊——廷发化工有限公司。

没有多余的资金雇工人，股东们赤膊上阵，一年经营下来居然赢利 10 多万元。但国际市场突变，立德粉顿时出口困难，刚创立的企业次年即被迫停产。这家小公司只好调整产品方向，转产染料中间体 H 酸。1992 年，廷发化工成为国内第二大 H 酸生产厂家。“廷发”让马廷义逐渐“发”起来，他也初次尝到了成功的甜头。

正当马廷义的事业风生水起之时，打击悄然袭来。1995 年 6 月 28 日，2000 多名群众越河去往陇海铁路，抗议廷发化工的污染，部分群众卧轨，造成铁路停运 6 个多小时。廷发化工厂被迫关闭，马廷义把自己关在家里，整整一个月没有见人。没有人知道那个月这个巩义汉子经历了怎样艰难的思考和抉择。

人可以被打败，但不可以被打倒。初次创业的挫折并没有让马廷义一蹶不振。痛定思痛，他决意向可持续产业方向发展，并多次上东北、下江浙，向多方专家、教授取经。河南省巩义市拥有丰富的铝矾土资源优势，周边百里之内存在多家电解铝企业，铝锭供应能力极强，铝市场需求前景广阔，这些让正在摸索中的马廷义看到了希望，他决定“破”而转行，上马铝加工项目，再度创业。经过不断努力和充分准备，1997 年 4 月 18 日，河南明泰铝业有限公司在巩义市回郭镇成立，次年 5 月，明泰铝业投产，当年即完成销售收入 1400 万元。

1998 年，明泰铝业的第一台冷轧机生产线诞生了。这也是第一台有着民营血统，依靠自有装备，结合国内先进技术，以低成本、非常规的建设方法在明泰人不断摸索过程中产生的冷轧生产线。该冷轧生产线的主体来自于 20 世纪 60 年代苏联援建洛阳铜加工厂的报废设备，明泰以低廉的价格购进后，在巩义市有丰富机械加工经验的工厂进一步加工后，又聘请国内知名专家，结合国内先进技术，依托天津电传等机构，最终完成了该冷轧生产线的建设工作。明泰铝业不顾周边的质疑和嘲讽，凭借敢为天下先的胆识和得天独厚的优势，于当年春季轧制出明泰铝业的第一块铝板，同时也是民营铝加工行业的第一块铝板。

2002 年初春，当人们仍然沉浸在春节的欢乐之中时，明泰人已经在为企业的发展彻夜研讨，面对铝坯料远远不能满足生产需求的形势，明泰人经多方论证，决定投建“1+4”热连轧生产线。

“1+4”热连轧生产线在国外并不算是什么稀罕之物，但在中国铝板带箔加工发展之初，这条生产线对中国人民来说是闻所未闻的新生事物。摆在明泰人面前有两大困难：一是国内并无可参照的生产线，二是无相关的技术指标。如何能完成破天荒之举，需要的是一种魄力和胆识。作为初入铝加工的民营企业来说，资金和技术都是关键的制约因素，明泰人就有这么一种敢为天下先的精神，在国有企业都需要反复论证才能提上方案建设的，明泰铝业抓住机遇，迅速展开筹备建设。缺少技术，我们走南闯北找专家找技术；缺少资金，我们拿出了所有家底，拼一拼。就这样，明泰人开启了中国铝加工史上的新篇章。

明泰铝业厂区

在工程建设中，上至公司董事长马廷义，下到普通职工，人人都雷厉风行，执行到位。对工程任务层层分解，划分到人，做到责任明确，整个工程的进展快捷高效。各个工作小组比进度，每位员工比贡献，汗水不知流了多少，办法不知想了多少，二百余名生力军夜以继日地在工作现场忙碌着，除每天工作 12 个小时以外，晚上还加班高达 4 个小时。大多数职工睡眠时间不足 6 个小时，3 个月内都没有时间回家一次，他们都在为这个共同目标而忘我地拼搏着。

终于，经过一百天的努力，由明泰铝业自主研发建设的国内首条“1+4”热连轧生产线试机成功！该生产线的建成投产是中国铝加工业的一个里程碑，处于国际领先地位。

与热连轧分厂相配套的熔铸分厂在 2003 年 3 月 17 日夜正式启动筹建，一共 200 人被分到了熔铸分厂，当时这块地还是一块耕地，麦苗有 20 公分高，经过奠基仪式后开始兴建。明泰人在建厂指挥部的领导下，开始了紧张而有序的工作，马育宾厂长负责全面，孙长有副厂长负责设备，土建由化建民科长负责，3 个人分工合作，同时进行。马厂长每天全面协调安排，孙长有安排所到设备，化建民安排土建施工。总之，土建、设备基础、整体车间三个方面同时开始，马总要求大家昼夜不停，用最短的时间、最好的质量、最快的进度 200 天以内建成投产。于是，24 小时为一个工作日，一个工作日分为两班，白班人员到晚上 19 点下班后坚持干到 22 点，这才依依不舍地离开施工现场。

2003 年 4 月 10 日公司任命东轻（东北轻工业有色金属加工厂）的熔铸工程师邵正荣为工艺技术厂长。他和大家一道每天工作到深夜，从熔炼炉到静置炉，从铸造井到铸机每道工序的工艺、技术都要求大家牢牢记住。当时每道工序的操作工都随身带着一个笔记本，每道工序的工艺、技术参数不但记在本上，而且牢牢记在心里，不懂就问，绝不一知半解，或不懂装懂。就是这样一伙人，这样一伙勤奋好学的年轻人，3 个月内全部掌握了熔铸分厂的各工序要领和操作技术。

距离投产时间剩下最后 10 天了，车间北跨的地坪还没有硬化，厂长马育宾、副厂长孙长有带领大家，不分白班夜班，全体参战人员三天三夜不回家，协助土建工程队完成了整个分厂的地坪硬化，按预定时间 2003 年 9 月 15 日正式建成投产。

2003 年 9 月 15 日 13 ：30 分，当第一块铸锭由 $1^{\#}$ 铸井经行车缓缓升起时，整个明泰沸腾了，2000 名员工无不兴高采烈、欢欣鼓舞，为明泰铝业的又一次成功而自豪和骄傲。当时技术厂长邵正荣说：如果在东轻的话，建一个熔铸分厂需要 3 年时间，明泰铝业 6 个月就建成投产了，实在是了不起的壮举！

2005 年 6 月，明泰铝业在郑州市高新技术开发区征地 330 亩，创办了郑州明泰实业中外合资企业，其中明泰铝业控股 75%。目前，这家中外合资企业年加工铝材 5 万吨，年产值近 10 亿元。

到了 2006 年，明泰铝业就已经排名到世界铝板带箔生产企业第 23 位，国内第 3 位。从 2008 年开始，明泰铝业开始筹备上市。2011 年 9 月 19 日，明泰铝业在上海证券交易所成功挂牌交易，首发募集资金 12 亿元。在竞争激烈的铝板带箔加工行业，明泰铝业仅花了 15 年的时间，就从一家名不见经传的小企业，迅速成长为全国前三名的企业。

成功上市后，明泰铝业享受了短暂的幸福。然而，自 2012 年铝业便进入行业低谷。成本价与市场价倒挂，铝企陷入“一出货就赔钱，不出货只有等死”的困境。要想存活下去，必须走技术路线，快速升级转型。

逐渐下滑的业绩让“转型”变得迫切起来，但与以往不同的是，过去说的升级转型，是在“求稳”“求进”中作出选择；现在则是技术产品升级和企业转型，这一次是在“生”与“死”之间站队。对明泰铝业来说，加快转型升级，延伸产业链，实现铝产业从低端到高端的突破是唯一选择。

为了占领铝业研发的“高地”，明泰铝业在技术研发、引进人才及强强联合上迅速采取措施。2013 年 1 月，明泰铝业与轧制技术及连轧自动化国家重点实验室、中国工程院院士王国栋，共同设立了院士专家工作站，主要研究交通用铝装备的关键技术科技攻关及产业化实施。

在转型升级上，明泰铝业巧借“东风”。明泰铝业善于攀“高枝”，傍“大款”。2013 年 11 月，明泰铝业与南车集团青岛四方机车车辆厂签订战略合作协议，共同生产用于高铁动车的轨道交通装备。

在明泰铝业的战略里，有一点很明确，就是要与南车集团进行深度合作，成为南车供应体系中的一环，明泰铝业才有未来。除了南车轨道交通装备公司可以消化部分产能外，还可以给南车集团旗下的其他企业供货，产品销路就得到了保证。与南车合作，研发高速动车组车体用铝型材的焊接、加工技术，产品逐渐从低端向高端延伸，从普通大众铝材向交通铝材、航天用材方面过渡，进而实现技术、产品的升级换代。

让人感到振奋的是，明泰铝业与南车集团合作进展顺利，不到半年时间就开花结果。2014 年 4 月 28 日，明泰铝业与南车四方集团在郑州共同签署了《郑州南车轨道交通装备有限公司合资合同》。在投资主体中，除了明泰铝业与南车四方股份（股票代码 601126）

公司外，还有郑州控股公司、荥阳城投公司，四方共同出资 6 亿元，成立了郑州南车轨道交通装备有限公司。

虽然这一重大项目由南车四方集团主导发起，但明泰铝业作为第二大股东参股郑州南车轨道公司，持有其 16.67% 的股权，未来将形成 500 节每年的轨道车辆生产能力。

据明泰铝业测算，该项目总投资 8.29 亿元，项目完成后明泰铝业将新增专用铝型材产品产能 2 万吨，形成 400 套每年轨道车辆用车体产能。上述募投项目投产后，将实现年均营业收入 7.94 亿元，年均净利润约 1.88 亿元。

除了与南车集团有深度合作外，明泰铝业还与吉利汽车、长城汽车、奇瑞汽车等大型车企初步达成合作协议，未来将在汽车用铝板方面进行深度合作。随着国家对节能减排工作的重视，作为制造大量尾气的汽车产业必将转型升级。这对明泰铝业来说，也是一个机会。

面对行业逆境，明泰铝业破旧立新，进军轨道交通、汽车铝板和航空铝材等领域，成功实现了产业从低端向高端的转型突围。

2015 年 7 月 4 日，河南省重点项目、河南明泰铝业股份有限公司 20 万吨“1+1”3300 毫米宽幅热连轧生产线正式投产运行。这将加大高端铝产品发展力度，加快巩义市千亿级铝工业基地建设步伐。据了解，这条热连轧生产线的产品可满足汽车、轮船、C80 运煤车及罐车等交通运输工具的铝板应用需求。

明泰铝业目前致力于交通用铝材的研发和制造，近年在交通用铝领域持续增加投入，取得了很好的成绩。公司目前所能生产的产品种类有车厢板、船用板、汽车罐体料、彩涂料、热轧厚板、镜面铝板，1~8 系合金铝板等。

此次热连轧新生产线的投产，有效提升了明泰铝业的竞争实力，不仅拓展了产品宽度，而且延伸了产品的应用领域，在保障产品高品质、大规格的同时，也提升了生产能力。

时代在发展，明泰在前进。明泰铝业的兴旺发达正是有这么一伙明泰人。这种优良传统和精神的传承发扬，推动着河南明泰这艘巨大的航母乘风破浪，勇往直前，定能成为打造百年明泰的原动力和正能量！

选自巩义市政协文史委员会《巩义工业文明》

寻根之旅

——河洛风情画卷创作札记

文 / 徐小龙

吾是一位自黄土里滚爬出来的画家，故而对乡土情有独钟。吾好奇，壁、国、版、连等画种均有所好，自知画艺不精。50年从未对自己的创作进行过反思与总结，时光流转，岁月蹉跎，转眼已过花甲之年矣！

一次偶然机会，与刘君黑记、贺宝石相聚“半扇堂”，老友闲聊，话无主题，东拉西扯，毫无顾忌。

说起如今的时鲜水果，咋吃起来不是味道。还有鸡、鸭、鱼、肉，吃起来味同嚼蜡。是现在生活条件好了，还是儿时记忆模糊？后来几经询问，方知水果生长期几曾沐浴杀虫剂，将熟时又遭遇成熟剂，叫卖时又喷洒保鲜剂。禽、畜喂养，饲料中掺加生长剂。如此种种，滥用药物，怎能比当年受日精月华孕育，雨露甘霖呵护之果实！一次，家人自乡下带来一包红薯叶子，鲜嫩而绿翠，老伴拿出看家本事，洗洗淘淘，烙成菜馍，蘸着蒜汁吃。嗨，这才是先前的味道，这才是一直希望品尝的味道。

谈及旧事，三人不绝于口，从淳朴的民俗活动谈到浓郁的乡间情调，又由憨厚的庄稼汉子谈到勤俭持家的农家媳妇；从打麦造场，谈及纺花织布；由婚丧嫁娶又谈及年节拜祖；由民间百业又说到儿童游戏……诸多旧事如陈年老酒，醉了三君，既而又惋惜濒临失落的民俗文化。慨叹之余，刘君欣然提议要我以绘画的方式将民俗风情再现出来。刘君黑记是河南民俗学会常务理事，贺君宝石也是地方民俗爱好者，二人对民风民俗多有偏爱和研究。粗略罗列，竟有十个方面，十幅长卷集中反映河洛地区之风俗民情，有一定的价值和意义，但面对这么庞大的工程量，我在尚没有任何思想准备的情况下，不便贸然应诺。

这使我有机会回顾自己的创作之路。我曾有过农村题材的作品：版画《声声醉》刻画了一群沉醉于节日社鼓中的庄稼汉，丰收之后，其乐陶陶；《驯牛》表现人与牛之间力的较量；《同梦》中鸡猪同睡，表现家禽、家畜之间的和谐；《寄给妻子的信》对农村女性的高度赞扬；《坷垃兄弟》流露出对失学少年的怜悯之情……有的作品被中国美术馆收藏，有的作品参加全国大展，曾一度受人青睐。我一位土生土长的画家，对来自乡土的信息有特殊的感情。每忆往事，激动难眠：儿时摸黑到邻庄看戏，一脚深一脚浅；闹新房，逗新娘，一声高一声低；夏夜饭场，趁着月明侃大山；冬日山路，赶着羊群甩鞭子；年关祭祖，场面隆重而神秘；十五、十六玩灯，气氛热烈而祥和；长大务农，摇耧撒籽，扬场放磙自命行家，纺花织布吾不外行；迎亲我当过“大使”，娶亲我当过“总管”。几经琢磨，创作民俗风情画卷的信心陡增，这是朋友的重托使然，是黄土地上走出来的画家情感使然，是时代赋予拯救传统文化的责任使然。

我重新审视河洛文化的大背景，河洛流域是华夏民族的发源地，河洛文明的发祥地，她神圣——黄帝曾在这里修坛沉壁，尧、舜、禹曾在这里举行禅让大典。她神秘——伏羲曾在这里画卦；女娲曾于黄河岸造人；河图洛书在这里出现。她原始——古代先民们在这里生活、繁衍，裴李岗文化、仰韶文化、龙山文化遗址星罗棋布。她博大——厚土孕育了无数的志士文人：春秋时期隐居石臼泉的子华子；五代时出生游说六国的纵横家苏秦；汉代此地养育了理财大臣桑弘羊；晋代走出来植物学家嵇含；唐代的诗圣杜甫在这里成长。她钟灵——释源祖庭慈云寺在这里创建、北魏石窟在这里开凿、北宋皇陵在这里屹立……

在这样一块文化底蕴丰厚的风水宝地上，留下了先人文明的脚印，文化的华章。河洛子孙相继继承和发扬了河洛文化和河洛文明，她丰富多姿、形象生动。数千年的文化积淀，通过民俗活动方式予以诠释和展示。而我以绘画的方式将它记录下来，应是义不容辞！

我拿起画笔，脑海里出现的是鲜活的民俗生活场景：岁时风情、乡间礼俗、人生信仰、生活禁忌、劳动节奏、喜庆乐章……我再次被这些熟悉的场面感染，忘记笔墨、不计工拙、信手拈来，我顾不及刻意经营画面，鬼使神差般地记录乡间的生活场景和活动场面。自乙酉年初，历经三暑，画出“夏粮卷”“织纺卷”“强身卷”“狮社卷”“婚娶卷”“丧葬卷”“百业卷”“新婴卷”九卷，合称河洛风情画卷。届时随民乐而乐之，随民悲而悲之，其情也切切，其味也甘甘，忘却作画之劳顿。

三年后的今天，长卷告竣，回头审视，得失参半。得者，自以为画卷是河洛人的一幅画像。河洛人刚毅：他操作着笨重落后的生产工具，在困难的条件下求生存、谋幸福的意志和精神在“夏粮卷”“织纺卷”中得以陈述。河洛人钟情：他们拜年祭祖，瞧毛孩，送满月，相亲、迎娶、闹房、听房等活动中都流露出深厚的人情味。河落人率直：“新婴卷”中的拉儿；“婚娶卷”中的抹黑，逗女婿是那么的开心，甚至还有点戏谑和野蛮。河洛人豁达：他们不计生活的贫困，敢于大喜大悲，“年节卷”中的花灯会和社火表演，“狮社卷”中的要狮、擂鼓，忘乎所以；“丧葬卷”中呼天嚎地的哀哭都是有力的佐证。创作中，叔伯姑嫂的面庞是卷中的人物形象，兄弟姐妹的身姿是卷中的人物动态，民俗活动场面力求真实地再现，人物服饰、头饰的自然主义描写，尽量贴近生活，尽量符合20世纪五六十年代的特征。

长卷中增添了诸多题跋，跋语多为说明性的文字，解释活动的起因、程序以及内涵，帮读者理解。还有相当数量的民歌、民谣、乡间俚语杂之其中，使其民俗化。它不仅起补白作用，尚能使画面丰满，而且，是对画面的补充，从而达到文图并存，协调一致，成为画卷不可少缺的一部分。

画卷的民俗化、大众化是我的愿望，乡土情、质朴味是我的追求，反映民俗文化是我三年来寻情、寻味的一次长旅，亦是吾50年来从事美术创作的寻根之旅。

失者，明显是笔墨、线条问题。笔墨的拘谨和线条的绵弱。个别卷幅中，场景的结构和人物的布局还欠协调、灵动。我曾一度决定从头再来，遂展画纸，运腕重构，怪乎哉！其情其味大不如前，几度尝试，均告失败，悟不出个中因由，只好作罢，长留遗憾于长卷。诌四句打油诗权作札记之小结：

不求笔下百媚生，
一任痴心写乡情。
横竖歪斜均不忌，
彰扬民俗记民风。

丁亥仲秋，徐小龙于洛汭

（徐小龙，1945年生于河南巩义。亳丘野夫，误染丹青，数十年来，孜孜于绘事；后得陈天然先生点拨，受益匪浅；国画、版画、雕塑、连环画均有所好，国家大展屡有入选；中国美术馆、四川美协等美术机构多有收藏；日本，澳大利亚，马来西亚，中国香港、台湾等国家和地区亦见获奖、发表、收藏。

徐小龙曾任巩义市美术家协会名誉主席，系中国美术家协会会员、河南省书画院特聘画家，郑州市美协理事。出版有《中原画风·徐小龙国画卷》《中原画风·徐小龙版画卷》。连环画《子弟兵的母亲》《新老清水店》《黑幕风流》《杜甫行迹》《北宋九朝帝王连环图画》等。作品《虎娃子》《小康人家》《驯牛》《同梦》《启笼图》等由中国美术馆收藏。《寄给妻子的信》《声声醉》《杜甫行迹》《百姓荡春》等参加全国美术展览。《沙场秋点兵》获日本第四回国际现代版画展SPONSORS奖。）

参考文献

[1] 刘定坤 . 中共巩义历史重大事件述评 . 北京：中共党史出版社，1999.

[2] 王振江、孙宪周，等 . 史话巩义 . 郑州：中州古籍出版社，2007.

编纂始末

根据国务院《地方志工作条例》《全国地方志事业发展规划纲要（2015—2020年）》及中国地方志指导小组《关于启动<中国名镇志丛书>编纂工程的通知》（中指办字〔2014〕22号）有关部署，为进一步加强地方志编纂工作，传承文明、记录历史、弘扬文化、服务社会、促进乡镇经济社会发展等方面具有独特作用，按照郑州市地方史志办和巩义市史志办的要求，回郭镇成立了由主要领导任主任、分管领导具体负责的编纂委员会，聘请有编纂志书经验的李金海、毕天河、王宏涛、孙春雨、张新政、闫东良、高运兴、赵振伟等同志担任编委，同时安排机关干部尚良侠、曹万军、王琳娜、陆地、刘春晓、郝媛媛、王明化、魏静静、杨博盈、徐凝喆等同志配合编纂并做好统筹，机关各部门全力配合，自2019年9月展开工作。

回郭镇，位于巩义市西大门，距巩义市城区19千米。回郭镇区位优越，交通便利。310国道及S314省道－207国道连线工程在这里交汇，郑州至西安高速铁路纵贯全镇，巩义南站就建于此。回郭镇历史悠久，文化底蕴深厚。四千年前的第一个夏王朝曾在这里建都，清康乾时期即为河南府四大名镇之一，是一方水光山色、人杰地灵的土地。此次重新编撰《回郭镇志》是一次展示回郭镇文化底蕴、精神风貌的大好机会。

《回郭镇志》的编纂时间紧，任务重，标准高，要求严。全体编纂人员严格按照中国名镇志丛书规范、行文通则标准，统合古今，略古详今，对新中国成立以后，特别是中共十一届三中全会以来所发生的史实进行重点记述，拟定出编纂提纲，会同巩义市、郑州市史志办专家对提纲进行反复讨论、修改。根据“名镇志”编纂要求，打破一般志书编纂常规，重点在“名”“特”上下功夫。提纲重点突出回郭镇雄厚的工业经济基础、回郭镇人“敢想敢干、愈挫愈勇、永争第一”的人文精神、独具魅力的特色地域文化，设计13个类目，即：概述、基本镇情、镇域经济、文物胜迹、特色文化、风土民情、艺文、名人与名镇、印象回郭、大事纪略、口述史、参考文献和编纂始末。其间，全体编纂人员查阅有关档案、文献资料；深入民间广采博访，走进企业调研，踏勘镇内山川景物、禅寺庙宇、古建筑遗存等名胜古迹；寻访耆老，搜集口述资料和民间收藏的古籍、家谱、家乘等，为编纂镇志准备了充分材料。在篇目设置上力图有所创新，在语言上努力追求朴实、严谨、简洁、流畅，在图片上力求精美，增强可读性。

《回郭镇志》是在镇党委政府的直接领导下完成的。镇党委政府十分重视镇志的编纂，巩义市产业集聚区管委会副主任、回郭镇党委书王跃举，党委副书记、镇长杨少华多次对镇志编写提出要求，并审核提纲。巩义市产业集聚区经济发展局局长王勇具体负责协调各部门、各村，合力支持镇志编写工作，副主任科员李叔亭对镇志文字进行了多次认真修改，镇党政办、发展经济办公室、统计服务中心、城建办、城管办、社保所、农业服务中心等各科室以及镇教研中心、卫生院、巩义市第三高中等相关单位也积极提供资料。

在《回郭镇志》编纂过程中，由于时间紧张，各位编辑老师各负其责，其中王宏涛负责编纂《概述》，尚良侠负责编纂《基本镇情》，毕天河、杨博盈负责编纂《镇域经济》，闫东良、刘春晓负责编纂《文物胜迹》，李金海负责编纂《特色文化》，高运兴负责编纂《风土民情》，张新政负责编纂《名人与名镇》，曹万军负责编纂《大事纪略》，王琳娜负责编纂《口述史》，王明化、赵振伟、赵应州负责图片选编。后期，郝媛媛、徐凝喆负责书稿的初审，李叔亭、陆地负责书稿的复审，保证了《回郭镇志》的顺利完成。

《回郭镇志》的编纂还得到了各级史志部门和专家的指导。郑州市地方史志办公室和巩义市史志办公室的领导、专家给予了高度关注、支持，数次赴回郭镇与编纂人员研究《回郭镇志》的编纂工作，做了很多协调、服务等基础性工作。社会各界以不同方式给予了支持、帮助，回郭镇名人志士提供了十分有价值的史料。党政办公室、档案室、文化中心等部门为镇志编纂提供了大力支持和保障。闫东良、张新政、毕天河、王宏涛、李金海、孙春雨、高运兴等提供了部分文字或口述资料。涉及本志的许多姓氏家族提供了族谱资料。在《回郭镇志》付梓之际，谨向在本志编纂工作中给予支持、帮助的社会各界人士表示诚挚的谢意！

为进一步生动反映回郭镇的风土民情、人文精神，在编纂过程中，我们获悉曾任河南省书法家协会副主席，河南省美术家协会副主席和名誉主席，河南省书画院院长，中国美术家协会、版画家协会、书法家协会常务理事，第六、七届全国人民代表大会代表的陈天然老师，在 20 世纪 70 年代曾深入回郭镇采风，创作出一批反映回郭镇人文精神的名画佳作。另有曾任巩义市美术家协会名誉主席的中国美术家协会会员、河南省书画院特聘画家，郑州市美协理事徐小龙老师创作的《河洛风情画卷》生动反映了巩义人民的艰苦创业精神。鉴于此，我们积极与两位老师的亲属沟通，在得到授权后，将陈天然老师的 21 幅作品、徐小龙老师的《河洛风情画卷·百业卷》应用到本志中，使本志大为增光添彩。在此，向两位老师致以最崇高的敬意，并向两位老师的亲属表示最真诚的感谢！

本书所选用照片及文章众多，部分作品未能在出版前及时联系到著作权人，请著作权人看到后与我们联系，我们将奉上稿酬。

《回郭镇志》虽经编纂人员数易其稿，但囿于资料、时间和水平，错讹、疏漏之处在所难免，敬请方家和广大读者批评指正。

《回郭镇志》编纂委员会

2019 年 10 月